Cocina deliciosa *para* diabéticos

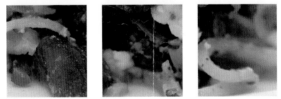

SARAH BANBERY

p

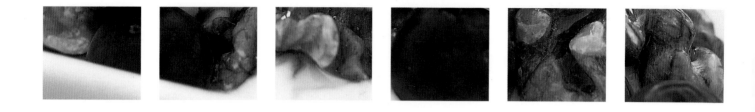

INFORMACIÓN PARA EL LECTOR

En este libro se emplean las unidades del Sistema Métrico Decimal.
Las cucharas de las medidas son rasas, si no se especifica lo contrario:
las cucharaditas corresponden a 5 ml y las cucharadas a 15 ml.

Las hortalizas que se indican por unidades, como las patatas, son de tamaño
mediano, y la pimienta es negra recién molida. Las recetas son bajas en grasas
y azúcares, en consonancia con las pautas para una alimentación
saludable. Por ejemplo, la leche que se usa es siempre desnatada o semidesnatada. Sin embargo, hay que tener en cuenta que no se conservarán frescas
durante tanto tiempo como las elaboradas con más grasa y azúcar.

Algunas de las recetas se preparan con caldo. Si se utilizan pastillas para caldo
hay que recordar que son altas en sal y que por tanto no será necesario
añadirla. Si prepara usted mismo el caldo, procure que los contenidos de
grasa y sal sean mínimos. No sofría las verduras antes de cocerlas; cueza
las verduras, la carne y el pescado en agua, a fuego lento, y escúrralos bien.
Las caldos de carne y de ave se deben colar, enfriar y meter en la nevera
antes de utilizarlos. Así, la grasa de la carne asciende a la superficie y se
solidifica, de manera que es más fácil retirarla sin dificultad y se reducirá,
también, la cantidad de grasas saturadas. Los caldos caseros se pueden
conservar en la nevera durante dos días, o bien se pueden congelar en
recipientes bien etiquetados.

Las recetas en las que se utilizan huevos crudos o poco cocidos no son
adecuadas para niños, ancianos, mujeres embarazadas o enfermos con
inmunodeficiencias.

El horno debe precalentarse a la temperatura indicada. Si se usa un horno
de aire, hay que seguir las instrucciones del fabricante para ajustar el tiempo
y la temperatura.

Los valores nutricionales se refieren a una porción o a una sola rebanada
de pan, magdalena, etc., según la receta. No incluyen los acompañamientos.
Cuando no se especifica el número exacto de porciones (p. ej. 4-6 porciones)
los valores nutricionales se referirán a la cifra media (en el ejemplo: 5 porciones).
El valor energético indicado viene dado en kcal (kilocalorías). La cantidad de
hidratos de carbono incluye almidones y azúcares; la cantidad de azúcares se
indica aparte. La cantidad de las grasas se refiere a la totalidad de grasas;
la cantidad de las grasas saturadas se indica aparte.

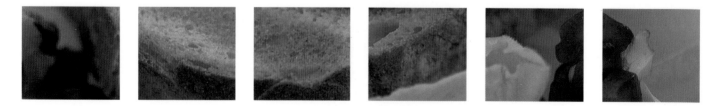

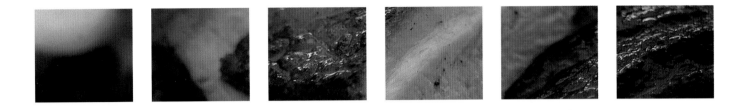

Contenido

Introducción   4

Desayunos y almuerzos   14

Sopas y comidas ligeras   30

Pescado y carne   46

Platos vegetarianos   62

Postres frescos y al horno   80

Índice   96

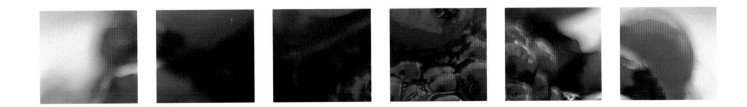

Introducción

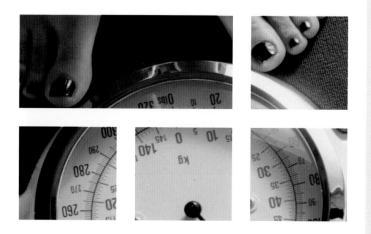

La dieta más saludable para una persona con diabetes es buena para cualquiera, especialmente si se desea reducir el riesgo de sufrir enfermedades cardíacas o apoplejías, controlar el nivel de colesterol o evitar la hipertensión o la diabetes (en caso de antecedentes familiares). Este libro ofrece unas pautas alimentarias fáciles de seguir y efectivas además de recetas beneficiosas en general. Es un buen punto de partida para adquirir conocimientos dietéticos que le ayudarán a mejorar su salud. Estas normas alimentarias, junto con la práctica de ejercicio y un consumo diario de calorías controlado, le permitirán además controlar su peso. Las recetas son deliciosas, y no hay que olvidar que el placer que nos proporciona la comida es tanto o más importante que el resto de factores a tener en cuenta. Pero el placer será doble si lo que come es bueno para su salud y puede mejorar considerablemente su calidad de vida.

Naturaleza de la diabetes

La diabetes es una enfermedad que se debe a la incapacidad del páncreas para producir una hormona, la insulina, encargada de llevar la glucosa de la sangre a las células y a los músculos, que la necesitan para producir energía. Esto origina un exceso de azúcar o glucosa en la sangre que puede provocar trastornos asociados con la diabetes tales como obesidad, complicaciones cardiovasculares, un nivel alto de colesterol, daños en el sistema nervioso (neuropatías), lesiones oculares (retinopatías) y problemas renales.

Hay dos tipos de diabetes:

La diabetes de tipo I, llamada también diabetes Mellitus insulino-dependiente (DMID), se desarrolla cuando el organismo deja de producir insulina debido a la destrucción de las células del páncreas que la fabrican. Se cree que es una enfermedad genética; suele manifestarse antes de los 40 años y debe controlarse con inyecciones de insulina y una dieta específica.

La diabetes de tipo II, llamada también diabetes Mellitus no insulino-dependiente (DMNID), o diabetes del adulto. Puede aparecer como resultado de una dieta alta en alimentos refinados o azúcares, que fuerce al páncreas a producir tanta insulina que pueda llegar a agotarse o a producirla en menor cantidad o mostrarse incapaz de utilizar la poca insulina producida, lo que provoca diversos síntomas. Este tipo de diabetes se relaciona con el aumento de peso, por tanto, una dieta que ayude a regular el nivel de glucosa en la sangre también es efectiva para adelgazar.

Para ambos tipos de diabetes se recomienda la misma dieta, pero cualquier persona puede beneficiarse de la alimentación que proponemos en este libro, ya que sus objetivos son perder peso, proteger el corazón y bajar el nivel de colesterol para reducir el riesgo de enfermedades asociadas a estos factores. En el segundo tipo de diabetes, si la dieta se hace bajo control médico se puede llegar a reducir la medicación diaria usual en estos casos.

Algunas personas padecen el **Síndrome X**, un estado potencialmente pre-diabético en el que el organismo se hace insensible a la insulina, y en consecuencia no puede usarla adecuadamente, lo que conlleva un aumento de peso. Los síntomas de la diabetes sin tratar incluyen sed exagerada, micción frecuente y muy abundante, fatiga, pérdida de peso y prurito genital. Si usted tiene algunos de estos síntomas tras un consumo elevado de azúcar, consulte a su médico. Si no los tiene pero hay diabéticos en su familia, piense que la dieta puede ayudarle a prevenir el riesgo de desarrollar la enfermedad.

La nutrición en el control de la diabetes

Cuando nos referimos a la diabetes, «controlar» significa mantener correctamente los niveles de glucosa en la sangre y aumentar la efectividad de la insulina para que el organismo no necesite generar tanta cantidad. Es lo que se denomina «aumento de la sensibilidad a la insulina». Como se explicaba en el Síndrome X (véase recuadro, a la izquierda), las personas pueden ser insensibles a la insulina y, no obstante, llegar a producirla, de modo que los siguientes consejos dietéticos les serán también muy útiles.

La insulina se segrega normalmente cuando los niveles de glucosa en la sangre empiezan a ser más altos de lo que deberían. Los diabéticos no pueden reducir estos niveles sin la administración de insulina. Antes se creía que este problema se podía evitar excluyendo totalmente de la dieta los carbohidratos, pero hoy día se ha demostrado que no es así. Los carbohidratos son nuestra principal fuente de energía y deben constituir la mitad de nuestro consumo diario de calorías. Lo que sí es crucial es el tipo de carbohidratos que se ingieren y cuándo se toman.

En la diabetes de tipo I, la cantidad y el horario marcados para consumir carbohidratos tienen que estar equilibrados con la dosificación y el horario de administración de la insulina. Es un tema muy importante que debe consultar con su médico.

En la diabetes de tipo II, hay que ser consciente de la falta de producción de insulina y de la necesidad de consumir carbohidratos a lo largo del día. También en este caso tendrá que consultarlo con su médico, sobre todo si toma algún medicamento.

El objetivo de nuestra dieta es mantener los niveles de glucosa en la sangre tan correctos como sea posible. Para ello es muy importante tener en cuenta cuándo comemos. Asimismo, si comemos poco pero a menudo mantendremos una lenta pero constante aportación de glucosa. Un buen desayuno establece los niveles adecuados para el resto del día, lo que implica tener menos deseos de picar entre horas y poder controlar así los alimentos que ingerimos.

Si no se controla adecuadamente los niveles de glucosa, se pueden originar alteraciones en la vista, los riñones, el corazón, las extremidades inferiores y el cerebro. Por eso también es muy importante hacer ejercicio, ya que regula el nivel de la glucosa en la sangre y aumenta la circulación en dichas zonas del cuerpo. Asimismo, la dieta mejora la sensibilidad a la insulina, por lo que resulta efectiva tanto para quienes producen poca cantidad de insulina como para aquellos que no la producen y deben medicarse. También contribuye a limitar el daño a las arterias que podría ocasionar un excesivo nivel de insulina.

Enfoque dietético para controlar la diabetes

La diabetes se agrava cuando los niveles de glucosa en la sangre son más altos, de forma que es aconsejable equilibrarlos evitando los altibajos glucémicos bruscos. El azúcar, la sal, la cafeína, el alcohol, el tabaco y los alimentos refinados y procesados, como el pan blanco y la bollería industrial, causan un aumento súbito de la glucosa, por lo que se deben evitar. Tras este aumento repentino, los niveles de glucosa pueden bajar rápidamente produciendo incluso hipoglucemia, con síntomas como sudoración, hambre, ansiedad, irritabilidad, taquicardia, palpitaciones, visión borrosa, hormigueo en los labios y palidez. La hipoglucemia también puede deberse a un exceso de medicación (consulte a su médico) o de alcohol, que inhibe la producción de glucosa por parte del hígado. Para evitar estas súbitas bajadas de los niveles de glucosa en la sangre, procure mantenerlos constantes no saltándose comidas y siguiendo las normas dietéticas que le sugerimos. La estabilidad puede ayudarle a acabar con los desordenes alimentarios compulsivos.

Hay otros síntomas, como la depresión, las cefaleas, la fatiga o el insomnio, que son consecuencia de los fluctuantes niveles de glucosa en la sangre. Todo ello favorece el aumento del colesterol y el riesgo de aparición de enfermedades cardíacas, por lo que una dieta sana y equilibrada es apropiada para todos.

En la diabetes, el equilibrio de los macro nutrientes, es decir, los carbohidratos, las grasas y las proteínas, es fundamental. Diferentes asociaciones dedicadas a la salud, entre ellas la OMS (Organización Mundial de la Salud), recomiendan una dieta alta en carbohidratos complejos y en fibra, y baja en grasas saturadas. La combinación de éstas y los azúcares provoca la acumulación de grasa y el aumento de la insensibilidad a la insulina y de todos los problemas derivados de la diabetes.

Carbohidratos

Los carbohidratos que se encuentran en verduras, frutas, cereales y productos lácteos, están constituidos por azúcares simples, que acaban transformándose en glucosa. Aunque los carbohidratos son nuestra principal fuente de energía y deberían constituir la mitad de nuestro consumo diario de calorías, es vital elegir adecuadamente el tipo de carbohidratos de nuestra dieta, teniendo en cuenta la rapidez con la que se

convierten en glucosa. Los **carbohidratos simples** o **azúcares** son moléculas muy sencillas. Lo que conocemos como «azúcar» de mesa y de cocina es en realidad sacarosa, compuesta por dos moléculas de glucosa que aportan azúcar a la sangre de un modo casi inmediato, provocando una necesidad de insulina que los diabéticos no pueden producir. La sacarosa se encuentra en los alimentos procesados, en los dulces, pasteles, bebidas no alcohólicas, zumos de fruta y carbohidratos muy refinados, como el pan blanco, en cuya elaboración se desecha la cascarilla del salvado del trigo. Esta rápida segregación de azúcar puede almacenarse como grasa si el organismo no es capaz de producir insulina y utilizarla correctamente. Investigaciones recientes han demostrado que muchos diabéticos consumen más azúcar del previsto porque su capacidad para notar el sabor es menor.

Los **carbohidratos complejos**, conocidos como almidones, desprenden lentamente sus azúcares y, en vez de depositarse en el organismo como grasa, sirven para aportar energía. Esta lentitud se debe a que contienen fibra, que también ayuda a eliminar toxinas del organismo favoreciendo la prevención de otras enfermedades. La cáscara de salvado que cubre los granos de trigo –y que se elimina en la elaboración de harina blanca y de alimentos procesados– contiene fibra y proporciona moléculas de glucosa que se enlazan en estructuras más complejas. Las verduras y frutas crudas aportan carbohidratos complejos ricos en fibra. Por consiguiente, necesitan mucho más tiempo para romper sus largas cadenas de azúcares en carbohidratos o azúcares simples, y su aportación de azúcar a la sangre es más lenta y constante, y eso favorece que, aún consumiéndolos, una persona con un nivel bajo de insulina pueda mantener los niveles de glucosa adecuados. La pasta, las patatas y el arroz y el pan integrales pueden incluirse en una dieta para diabéticos si se siguen las pautas adecuadas referentes al consumo de grasas y se acompañan de proteínas que retrasen la liberación de azúcares. Pero el comportamiento de los hidratos de carbono no es tan sencillo; véase «El índice glucémico» (páginas 10-11).

Fibra

La fibra puede ser soluble o no soluble, y las personas con diabetes deben mantener el equilibrio de ambos tipos en su dieta. La fibra ayuda a estabilizar los niveles de glucosa en la sangre haciendo más lenta la digestión y retrasando la liberación del azúcar de los alimentos. Se recomiendan 35 g al día para equilibrar el azúcar en la sangre, bajar los niveles de colesterol, limpiar el colon de toxinas y ayudar a prevenir enfermedades cardíacas.

La **fibra soluble** se encuentra en frutas y verduras, como la manzana, los cítricos, la zanahoria, las cerezas, el aguacate, la remolacha y la ciruela, así como en la cáscara de algunas semillas, como la linaza y la avena. Favorece la digestión absorbiendo agua, ablanda las heces y puede ayudar a reducir el colesterol.

La **fibra no soluble** no se digiere y se encarga de limpiar el aparato digestivo, evitar el estreñimiento, reducir la incidencia del cáncer de colon y de recto y acelerar la eliminación de los materiales de desecho. Se encuentra en el arroz integral (la fibra se elimina al procesarlo para obtener arroz blanco), en el pan y las galletas de centeno, en las lentejas, los espárragos, las coles de Bruselas y en otros cereales integrales y vegetales fibrosos.

Los copos de avena son carbohidratos complejos, y éstos no se transforman directamente en azúcar en el organismo. Aportan el 10 % de su peso en fibra y son ideales como desayuno. Las verduras, las hortalizas y la fruta contienen celulosa, una fibra vegetal no soluble y con poco azúcar; no obstante, hay que recordar que al cocerlas se transforman más rápidamente en azúcares. Por ello ciertas hortalizas, como la zanahoria, el pimiento y el nabo, son más dulces cuanto más tiempo se cuecen.

Grasas

Una dieta alta en carbohidratos y baja en grasas no implica que éstas deban eliminarse: hay que elegir las más adecuadas y consumirlas con moderación. La reducción de los carbohidratos refinados que originan la acumulación de grasa corporal, así como la ingesta de una cantidad controlada de aceites beneficiosos y grasas esenciales, son factores que pueden reducir el colesterol y favorecer la regulación del azúcar en la sangre.

Las **grasas saturadas** suelen ser de procedencia animal, como la mantequilla y las grasas de la carne. Son sólidas a temperatura ambiente y pueden adoptar la misma forma en el cuerpo. Si se consumen en exceso pueden llegar a adherirse a las paredes de las arterias e incrementar el riesgo de padecer una enfermedad cardiovascular. Combinadas con los azúcares se acumulan en el organismo como grasa, por eso los alimentos con un elevado contenido en grasas saturadas y azúcares, como la repostería en general, son los principales culpables del aumento de peso.

Los **aceites monoinsaturados**, de origen vegetal y muy consumidos en los países mediterráneos, son los aceites de oliva, almendra, avellana, cacahuete y aguacate. Contienen un ácido graso líquido –ácido oleico u omega-9– que se solidifica al refrigerarse. No tiene efectos sobre el colesterol, aunque si se consume en exceso puede elevar los niveles de grasa en la sangre. El aceite de oliva es la única excepción, ya que es capaz de reducir el colesterol. Ahora bien, se cree que este efecto se debe a sus componentes activos únicos y no a su contenido en grasas monoinsaturadas. El calor no parece afectar tanto a este tipo de grasas como a los aceites que se conservan líquidos al enfriarse, y por tanto pueden emplearse para cocinar.

Los **ácidos grasos poliinsaturados** son siempre líquidos y contienen ácidos grasos esenciales, como los omega-6, que ayudan a producir en el organismo hormonas localizadas, importantes para el control del azúcar en la sangre. Los aceites de sésamo, soja, girasol, nuez, calabaza y cáñamo son ricos en omega-6. Se denominan «esenciales» porque son imprescindibles para las funciones orgánicas, y deben ingerirse porque el organismo no es capaz de generarlos. Las grasas saturadas pueden impedir el uso de las grasas esenciales a nivel celular.

Tanto en el caso de las grasas poliinsaturadas como en el de las monoinsaturadas, ingerir las semillas, verduras y nueces que producen estos aceites es vital para un control eficaz de la diabetes. Los expertos, por ejemplo, califican el aguacate como un «super alimento» para los diabéticos, ya que contienen aceites beneficiosos y muchos nutrientes importantes para el control del colesterol y la protección de las arterias. Los esteroles vegetales, un tipo de grasa, contribuyen a reducir el colesterol malo, y la luteína previene los daños oculares que puede provocar la diabetes. Aunque el aguacate, las aceitunas, las nueces y las semillas contienen algunas grasas saturadas y deben comerse con moderación, proporcionan ácidos grasos omega-6, vitamina E, vitaminas B_3 y B_6, zinc y magnesio que, sin excepción, ayudan a controlar el nivel de azúcar en la sangre.

Los ácidos **omega-3** se encuentran en el pescado graso, como el salmón, el atún, el arenque, la caballa y las sardinas. Al igual que los omega-6, son ácidos grasos esenciales, imprescindibles para nuestra salud. Por ello, los tipos de pescado que los contienen deberían ingerirse 3 o 4 veces por semana. Los ácidos omega-3 y omega-6 protegen partes del cuerpo ricas en grasas y especialmente vulnerables en las personas diabéticas: los ojos, el riñón, el hígado y el aparato circulatorio. Los aceites de cáñamo, calabaza, soja y nuez contienen omega-3, aunque su contenido en omega-6 es más alto. Ambos ácidos deben consumirse en una proporción similar, pudiendo añadir semillas de lino a la comida para obtener un aporte extra de omega-3.

Proteínas

Son la principal fuente de materiales de construcción para el organismo, y una fuente de energía que se libera muy lentamente, lo que las hace ideales para regular la glucosa en la sangre; también pueden hacer más lento el aporte de azúcar al torrente sanguíneo si se ingieren con alimentos bajos en carbohidratos complejos. Es importante no obtener proteínas sólo de alimentos ricos en grasas, como las carnes, sino también de los huevos, los productos lácteos bajos en grasas, las legumbres, como garbanzos y judías y, en pequeñas cantidades, de otros vegetales como el brécol y la coliflor.

El índice glucémico (IG)

La investigación sobre los azúcares y su absorción en la sangre ha puesto de manifiesto que algunos alimentos se comportan de modo sorprendente al ingerirlos. Por lo tanto, no es justo seguir distinguiendo entre azúcares o carbohidratos simples y carbohidratos complejos cuando nos referimos a la cocina para personas diabéticas. Debido a que es imposible predecir cómo actuará un alimento sólo por su contenido en azúcar o en almidón, se ha establecido una clasificación llamada «Índice Glucémico» (IG) para comparar la aportación de azúcar en la sangre que producen los alimentos en relación a un valor de 100 atribuido a la glucosa. En la tabla, los alimentos se clasifican en altos, medios y bajos. «Alto» (más de 70) significa que los azúcares se liberan con una gran rapidez, casi a la misma velocidad que la glucosa. Estos alimentos no deben ingerirse solos, ya que pueden elevar rápidamente el nivel de glucosa en la sangre. Sin embargo, es posible consumirlos en pequeñas cantidades junto con otros alimentos de puntuación baja (por debajo de 55). Esto daría un valor que se situaría en la zona media (55-70), con un buen control del nivel de azúcar en la sangre. Hay que procurar incluir tantos alimentos de la zona baja como sea posible para un mejor control del nivel de azúcar e incluir los de las categorías media o alta sólo junto a proteínas u otros alimentos bajos en IG. Una dieta con un IG bajo puede aumentar la sensibilidad del organismo a la insulina, de modo que ésta resulte más efectiva y se reduzcan los posibles daños en el sistema nervioso. Unida a una dieta baja en grasas saturadas, ayuda a mantener un nivel bajo de grasas en la sangre, lo cual reduce los riesgos de complicaciones cardiovasculares. Algunos de los alimentos incluidos aquí pueden sorprender por lo que se refiere a la liberación de azúcares; los copos de maíz y las chirivías, por ejemplo, tienen puntuaciones muy altas y han de comerse con alimentos que hagan bajar la puntuación total. Las proteínas y los aceites no están incluidos en la tabla, ya que al no contener carbohidratos tienen un IG bajo. En consecuencia, pueden consumirse con alimentos de IG alto para hacer más lenta la liberación del azúcar. Por ejemplo, pollo magro con nabos y nueces, de un IG bajo, con copos de maíz.

Alimentos con un IG bajo – por debajo de 55

Frutos y zumos de fruta

Cerezas	22
Pomelo	25
Orejones de albaricoque	31
Peras	37
Manzanas	38
Ciruelas	39
Zumo de manzana	41
Melocotones	42
Naranjas	44
Uva	46
Zumo de piña	46
Zumo de pomelo	48
Zumo de naranja	52
Kiwis	53
Plátanos	54

Hortalizas

Brécol	10
Col	10
Lechuga	10
Setas	10
Cebolla cruda	10
Pimiento rojo crudo	10
Zanahoria cruda	49
Boniato	54

Cereales

Cebada perlada	31
Centeno	34
Trigo sarraceno	55
Arroz basmati integral	52

Panes

Pan de cereales	48
Pan moreno de centeno	50

Pasta

Fideos	35
Cintas	42
Tallarines instantáneos	47

Bollería

Bizcocho esponjoso (preparado con huevo)	46

Cereales para el desayuno

Salvado	42

Lácteos

Yogur bajo en grasa	14
Leche entera	27
Leche desnatada	27
Yogur con fruta bajo en grasa	33
Natillas	43

Legumbres

Soja	14
Lentejas rojas	18
Lentejas verdes	29
Garbanzos en conserva	42
Judías pintas en conserva	45
Judías cocidas en conserva	48
Guisantes	48

Alimentos con un IG medio – 55–70

Frutos y zumos de fruta

Mangos	56
Sultanas	56
Albaricoques	57
Pasas	64
Piña	66
Sandía	72

Hortalizas

Maíz tierno	55
Patatas nuevas	57
Remolacha	64
Patatas hervidas o puré de patata	70

Cereales

Arroz integral	55
Arroz basmati blanco	58

Panes

Pan pitta blanco	58
Bollo de hamburguesa	61
Pan de harina de centeno	64
Pan de trigo alto en fibra	68
Pan integral de trigo	69

Pasta

Espaguetis de trigo	55

Bollería

Pastas	59
Magdalenas	62
Croissants	67
Bollos	69

Cereales para el desayuno

Muesli	56
Gachas de avena	61
Galletitas de harina de trigo	69

Galletas

Galletas de harina de cebada	55
Pastas para el té	55
Galletas digestivas	59
Mantecadas	64

Galletas saladas

Palitos	67

Lácteos

Helado	61

Legumbres

Habas	79

Azúcares

Mermelada con alto contenido en fruta	55
Miel	58
Azúcar de mesa	64

Dulces y snacks

Palomitas de maíz	55

Bebidas

Sirope de naranja	66
Naranjada con gas	68

Alimentos con un IG alto – por encima de 70

Hortalizas

Nabos	72
Patatas fritas	75
Calabaza	75
Patatas al horno	85
Zanahoria cocida	85
Chirivía	97

Cereales

Arroz blanco	88

Panes

Bagel de harina blanca	72
Pan blanco de trigo	78
Pan sin gluten	90
Barrita de Viena	95

Bollería

Buñuelos	76
Barquillos	76

Cereales para el desayuno

Galletas de trigo	70
Copos de salvado de trigo con fruta seca añadida	71

Trigo inflado	74
Arroz crujiente	82
Copos de maíz	83

Bocados salados

Galletas de agua	71
Galletas de arroz	77

Dulces y snacks

Tortillas de maíz	74
Jalea	80
Pretzels	81
Dátiles	99

Bebidas

Bebidas isotónicas ricas en glucosa	95

En este libro hemos utilizado esta clasificación para crear recetas de IG bajo y medio, que puedan incluir alimentos de IG alto sin elevar los niveles de glucosa en la sangre más allá de lo considerado «normal», teniendo en cuenta que el promedio de IG sea el adecuado. Observará en la tabla que algunos alimentos deliciosos, como los helados y los bizcochos, tienen unas puntuaciones de IG sorprendentemente bajas, pero eso se debe a su alto contenido en grasa, y por lo tanto deben consumirse con moderación.

Consejos dietéticos generales

Es importante que las personas diabéticas consuman tanta fruta, verduras y hortalizas crudas o zumos vegetales frescos como les sea posible. Estos alimentos, ricos en fibra no soluble y densos en nutrientes, aseguran una lenta liberación del azúcar en la sangre.

El cromo ayuda a elaborar en el organismo una sustancia denominada Factor de Tolerancia a la Glucosa (FTG) que facilita la función de la insulina y por tanto la absorción del azúcar a través de las células. Es fundamental para las personas con diabetes y ayuda a las afectadas por el tipo 2 a aumentar su sensibilidad a la insulina. Se encuentra en el pan integral, el pan de centeno, los pimientos verdes, los huevos, el pollo y las manzanas.

Los alimentos que contienen los nutrientes necesarios para equilibrar la glucosa en la sangre (cinc, magnesio, vitaminas B_3, B_6 y C) son: las nueces, las semillas, el pescado, las verduras verde oscuro, las crucíferas (brécol, col, coliflor, col rizada), los garbanzos, las judías, los guisantes, los huevos, los aguacates, la cebada, las frutas rojas, amarillas y naranjas, las cebollas y los espárragos. Todos ellos también son importantes para controlar los niveles de colesterol y reducir el riesgo de enfermedades cardíacas.

Evitar los estimulantes como la cafeína, el alcohol y el tabaco ayuda a eliminar los altibajos de azúcar en la sangre por descompensación súbita y reduce la ansiedad causada por la falta de azúcar.

Reducción del riesgo de enfermedades secundarias

Cambiar nuestros hábitos alimentarios puede ayudarnos a reducir el riesgo de padecer enfermedades secundarias a la diabetes como las neuropatías, los problemas renales y la retinopatía, que suelen aparecer cuando existen niveles altos y permanentes de glucosa en la sangre. La hipertensión suele ser también habitual en los diabéticos, y aunque la dieta desempeña un papel favorable al respecto, es importante insistir en cómo el ejercicio y el control del peso pueden aumentar los beneficios de una dieta saludable. Poco ejercicio pero realizado de un modo frecuente, como pasear a diario, puede tener un efecto más positivo sobre la circulación que realizar ejercicios breves, intermitentes y demasiado enérgicos.

Los alimentos que activan la circulación, como las verduras y las hortalizas de colores oscuros y brillantes (cuyos pigmentos contienen sustancias químicas vegetales) y los alimentos sulfurosos tales como cebollas, ajos, huevos, brécol, hinojo, judías y garbanzos son también buenos para controlar el nivel de glucosa en la sangre. Los alimentos con vitamina C, sobre todo las coles de Bruselas, las grosellas negras, el perejil, la col rizada, el brécol, los pimientos, los tomates, los kiwis, el zumo de naranja, los mangos, la coliflor, los tirabeques, los guisantes y los boniatos ayudan a prevenir la incidencia de enfermedades secundarias y protegen el organismo. Todos estos alimentos contienen también diferentes vitaminas y sustancias vegetales, especialmente carotenoides, que protegen las zonas grasas del cuerpo que tienden a sufrir daños en las personas con diabetes: ojos, riñones, hígado y aparato circulatorio.

Los diabéticos fumadores son más propensos a enfermar del riñón, ya que fumar constriñe los vasos sanguíneos.

Sobre las recetas

Al recopilar las recetas de este libro se ha concedido especial importancia a dos factores: que fueran prácticas y que resultaran sencillas de preparar. La elección se ha efectuado con la finalidad de ofrecerle una dieta accesible con versiones de recetas tradicionales especialmente saludables para los diabéticos. Se ha tenido en cuenta la puntuación del IG total, obtenida a partir de la combinación de alimentos, y se ha asignado a cada receta una valoración del IG bajo o medio. Es de sentido común que usted priorice las de bajo contenido y opte por las de IG medio con menos frecuencia. También es importante variar las recetas para asegurar un buen aporte de carbohidratos, grasas y proteínas. Preste atención a los «valores por ración» de cada receta para conseguir una dieta total baja en grasa y azúcares y alta en carbohidratos complejos. Por ejemplo, al elegir las recetas de todo un día tenga en cuenta el equilibrio de estos macro nutrientes y procure obtener la mitad de su consumo diario de calorías de los carbohidratos, incluyendo tentempiés como piezas de fruta.

Junto a cada receta se incluye también un informe nutricional que destaca los beneficios específicos de ciertos alimentos para la salud de los diabéticos, como por ejemplo, el equilibrio del nivel de azúcar, el aumento del efecto de la insulina, la estimulación de la circulación para reducir el riesgo de alterar el sistema nervioso, la limpieza del organismo, el descenso de la tensión arterial y los niveles de colesterol, y la protección ante lesiones oculares y problemas renales. Los alimentos que aportan beneficios muy especiales a los diabéticos son: los arándanos, la canela, la achicoria, la cebolla, los garbanzos, las judías, el aceite de oliva, las nueces y los aguacates. Debe incluirlos en su dieta a menudo, pero recuerde que la variedad de alimentos es de extrema importancia para la salud, ya que le asegurará la ingestión de una amplia y equilibrada gama de nutrientes.

La elección de algunos ingredientes tiene que ver con la liberación de glucosa en la sangre. Por ejemplo, si se usa arroz en una receta, se ha elegido arroz basmati integral como la mejor opción. El mismo criterio se ha seguido en la elección de aceites y tipos de fibra y de carbohidratos; todo ello se refleja en el apartado dedicado a la información nutricional.

Desayunos y almuerzos

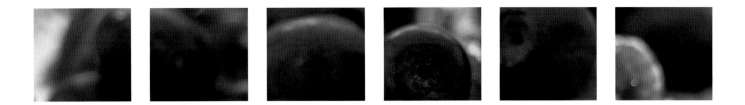

Este capítulo ofrece una selección de platos dulces y salados que satisfarán a todos los que tengan un buen apetito y que además son equilibrados y muy deliciosos. Todas las recetas son fáciles y rápidas de preparar. Si desea invitar a alguien a un buen desayuno, puede ofrecer, por ejemplo, una selección compuesta de muesli de copos de avena o yogur griego con miel, nueces y arándanos, seguido de huevos a la mexicana y unas deliciosas magdalenas de miel y limón.

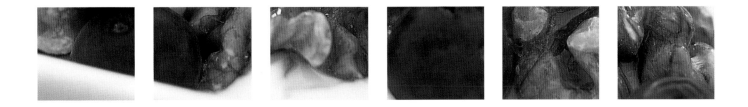

Para 4 personas

Huevos con espinacas

Ingredientes

1 cucharada de aceite de oliva

3 chalotes picados finos

500 g de hojas de espinacas baby

4 cucharadas de nata líquida

nuez moscada recién rallada

pimienta

4 huevos grandes

4 cucharadas de parmesano rallado fino

pan de cereales tostado para acompañar

Datos nutricionales

Los huevos contienen lecitina, que ayuda a romper las cadenas de ácidos grasos en el hígado y mejora el metabolismo del azúcar.

Valores por ración

- *Valor energético*   *185*
- *Proteínas*   *12 g*
- *Hidratos de carbono*   *6,3 g*
- *Azúcares*   *1 g*
- *Grasas*   *13,3 g*
- *Grasas saturadas*   *4,4 g*
- *IG*   *Bajo*

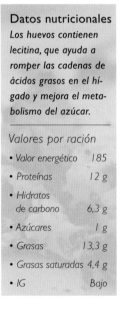

1 Precaliente el horno a 200° C. Caliente el aceite en una sartén, a fuego suave, y rehogue los chalotes, removiendo de vez en cuando, durante 4 o 5 minutos, o hasta que se ablanden. Añada las espinacas, tape la sartén y cuézalas 3 o 4 minutos, hasta que se ablanden. Destape y prolongue la cocción hasta que se haya evaporado todo el líquido.

2 Añada la nata líquida a las espinacas y sazónelas al gusto con nuez moscada y pimienta. Esparza el preparado de espinacas en una fuente plana y haga 4 hoyos en la mezcla con el dorso de una cuchara.

3 Casque un huevo sobre cada hoyo y espolvoree el queso rallado por toda la superficie. Cueza la preparación en el horno precalentado durante 12-15 minutos o hasta que los huevos hayan cuajado. Acompañe el plato con tostadas.

Para 12 unidades

Magdalenas de miel y limón

Ingredientes

50 g de azúcar lustre sin refinar

25 g de mantequilla fundida ligeramente enfriada

150 ml de suero de leche

2 huevos batidos

4 cucharadas de miel de flores clara

ralladura de 1 limón y zumo de $^1/_2$ limón

225 g de harina

150 g de avena

1 $^1/_2$ cucharaditas de levadura en polvo

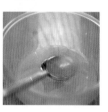

Datos nutricionales

La miel tiene una puntuación de 58 en la tabla del índice glucémico (IG), de manera que puede usarse con moderación para endulzar algunos alimentos.

Valores por ración

- *Valor energético* 165
- *Proteínas* 5,7 g
- *Hidratos de carbono* 33 g
- *Azúcares* 10,8 g
- *Grasas* 3,7 g
- *Grasas saturadas* 1,6 g
- *IG* *Medio*

1 Precaliente el horno a 180° C. Coloque en una bandeja para hornear 12 capacillos de magdalena.

2 Ponga el azúcar en una jarra y añada la mantequilla, el suero de leche, los huevos, la mitad de la miel y la ralladura de limón. Mézclelos.

3 Tamice la harina sobre un cuenco grande, añada la avena y la levadura en polvo y remueva para mezclarlo todo. Haga un hoyo en el centro de esta mezcla y vierta en él el contenido de la jarra. Remueva de nuevo, pero sin excederse, para obtener una mezcla que ha de quedar ligeramente grumosa.

4 Reparta la mezcla entre los capacillos y cueza las magdalenas durante 25 minutos en el horno precalentado. Desmóldelas sobre una rejilla metálica.

5 Ponga en un bol o en una jarrita el zumo de limón y el resto de la miel y rocíe con esta mezcla las magdalenas mientras aún estén calientes. Déjelas reposar durante unos 10 minutos antes de servirlas.

Para 4 personas

Yogur griego con miel, nueces y arándanos

Datos nutricionales

*Los arándanos son ex-
celentes para equilibrar
el nivel de glucosa en
la sangre. Por lo tanto,
esta receta es ideal
para empezar el día.*

Valores por ración

- *Valor energético   239*
- *Proteínas   4,3 g*
- *Hidratos
  de carbono   24 g*
- *Azúcares   19,4 g*
- *Grasas   15,6 g*
- *Grasas saturadas 2,7 g*
- *IG   Bajo*

1 Caliente la miel en un cacito, a fuego medio; añada las nueces y remueva hasta que queden bien recubiertas de miel. Aparte el cazo del fuego y deje que su contenido se enfríe ligeramente.

2 Reparta el yogur en cuatro boles y vierta por encima la mezcla de nueces y miel. Añada los arándanos y sirva.

Ingredientes

3 cucharadas de miel clara

100 g de nueces peladas

8 cucharadas de yogur griego

200 g de arándanos frescos

Para 4 personas

Huevos a la mexicana

1 En un bol, bata los huevos con la leche y añada pimienta al gusto. Deje reposar.

2 Caliente el aceite en una sartén antiadherente, a fuego medio. Sofría el pimiento rojo y la guindilla, removiendo de vez en cuando, durante 5 minutos o hasta que el pimiento rojo se ablande. Agregue el chorizo y siga sofriendo hasta dorarlo. Pase el contenido de la sartén a una fuente precalentada y resérvelo.

3 Vuelva a poner la sartén al fuego, vierta en ella el huevo y remueva hasta que éste tenga una consistencia blanda. Incorpore el sofrito de pimiento y chorizo, mézclelo todo bien y espolvoréelo con el cilantro. Sirva los huevos a la mexicana calientes y sobre tostadas de pan integral.

Ingredientes

8 huevos grandes

2 cucharadas de leche

pimienta

1 cucharada de aceite de oliva

1 pimiento rojo sin semillas cortado en rodajas finas

$^1/_2$ guindilla roja fresca

8 rodajas de chorizo fresco

4 cucharadas de cilantro fresco picado

4 rebanadas de pan integral tostado, para acompañar

Para 4 personas

Champiñones silvestres al horno

Ingredientes

2 cucharadas de aceite de oliva

8 champiñones silvestres

60 g de champiñones, picados

2 dientes de ajo majados

4 lonjas de jamón cocido magro picado muy fino

2 cucharadas de perejil fresco picado muy menudo

pimienta

4 rebanadas de pan de centeno, para acompañar

Datos nutricionales
El perejil es un condimento antiestrés que ayuda a mantener los niveles adecuados de glucosa en la sangre.

Valores por ración

• *Valor energético*   124

• *Proteínas*   6,6 g

• *Hidratos de carbono*   4 g

• *Azúcares*   1,2 g

• *Grasas*   9,7 g

• *Grasas saturadas* 0,8 g

• *IG*   Bajo

1 Precaliente el horno a 190° C. Unte con un poco de aceite una bandeja para el horno y coloque en ella los champiñones silvestres con la cabeza hacia arriba.

2 Mezcle en un bol los champiñones picados, el ajo, el jamón y el perejil.

3 Reparta esta mezcla entre las 8 cabezas de champiñones silvestres. Rocíelas con el aceite restante y sazónelas con pimienta al gusto.

4 Ase los champiñones durante 10 minutos en el horno precalentado. Sírvalos inmediatamente con el pan de centeno.

Para 4 personas

Tortilla de cebolla y gruyer

Ingredientes

1 cucharada de aceite de oliva

1 diente de ajo majado

2 cebollas rojas cortadas en rodajas finas

8 huevos

100 g de queso gruyer rallado

pimienta

4 rebanadas de pan de soda, para acompañar

1 Caliente el aceite en una sartén antiadherente, a fuego lento. Añada el ajo y la cebolla y sofríalos, removiendo de vez en cuando, durante 10 minutos o hasta que la cebolla esté tierna y ligeramente caramelizada.

2 En un bol grande, bata los huevos con la mitad del queso y la pimienta, vierta la mezcla sobre la cebolla y remueva hasta que se haya distribuido por igual. Mantenga la sartén al fuego unos 5 minutos o hasta que el huevo haya cuajado bien en la base.

3 Entre tanto, precaliente el grill a una temperatura alta. Esparza el queso restante sobre la tortilla y póngala bajo el grill hasta que el queso se haya fundido. Corte la tortilla en 4 raciones y sírvala al momento con pan de soda.

Datos nutricionales
La cebolla contiene sulfuro, que es bueno para la circulación y el hígado, especialmente delicados en los diabéticos.

Valores por ración
- *Valor energético*   304
- *Proteínas*   20,6 g
- *Hidratos de carbono*   6,3 g
- *Azúcares*   2,9 g
- *Grasas*   21,7 g
- *Grasas saturadas* 7,9 g
- *IG*   Bajo

Para 4 personas

Muesli de copos de avena y fruta

Ingredientes

150 g de copos de avena

225 ml de zumo de manzana

1 manzana rallada

125 ml de yogur natural

150 g de zarzamoras

2 ciruelas deshuesadas cortadas en rodajas

2 cucharadas de miel clara

Datos nutricionales

Los copos de avena liberan sus azúcares muy lentamente, por lo que son un alimento ideal para el desayuno.

Valores por ración

- *Valor energético*   285
- *Proteínas*   8,4 g
- *Hidratos de carbono*   56 g
- *Azúcares*   25,5 g
- *Grasas*   4,2 g
- *Grasas saturadas*   1,1 g
- *IG*   *Bajo*

1 Mezcle en un bol los copos de avena y el zumo de manzana. Tape el bol y déjelo reposar en el frigorífico toda la noche.

2 Cuando vaya a servir el muesli, mezcle la manzana y el yogur con los copos de avena remojados. Repártalos en cuatro boles individuales. Añada a cada ración las zarzamoras y las rodajas de ciruela, y para acabar rocíelas con la miel.

Para 4 personas

Espárragos con huevos escalfados y parmesano

Ingredientes

300 g de espárragos limpios

4 huevos grandes

85 g de queso parmesano

pimienta

Datos nutricionales

Los espárragos son buenos para el riñón, y por tanto muy recomendables para los diabéticos, quienes suelen tener problemas renales.

Valores por ración

- *Valor energético* 175
- *Proteínas* 15,6 g
- *Hidratos de carbono* 4,7 g
- *Azúcares* 1,8 g
- *Grasas* 10,6 g
- *Grasas saturadas* 5 g
- *IG* Bajo

1 Ponga agua a hervir en dos cazuelas. Eche los espárragos en una de ellas, deje que el agua vuelva a hervir y cuézalos durante 5 minutos o hasta que estén tiernos.

2 Mientras tanto, reduzca el fuego de la segunda cazuela para que el agua hierva lentamente y, con cuidado, casque sobre ella los huevos, de uno en uno. Escálfelos durante 3 minutos o hasta que las claras hayan cuajado pero las yemas sigan blandas. Extráigalos con una rasera.

3 Escurra los espárragos y repártalos en cuatro platos. Colóqueles encima un huevo y las láminas de queso parmesano. Sazone al gusto con pimienta y sírvalos calientes.

Sopas y comidas ligeras

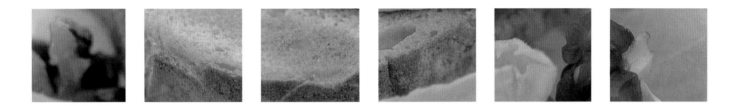

Seguir una dieta alimentaria saludable no implica sacrificar ni

el gusto ni la variedad. Las recetas de este capítulo muestran

cómo combinar ingredientes tradicionales de diferentes países

del mundo para obtener comidas ligeras, sofisticadas y sabrosas.

Estas propuestas pueden servir como primeros platos de una

cena entre amigos o como almuerzos ligeros. Los pastelitos

de cangrejo y las gambas rebozadas de coco son también

sugerencias interesantes para una fiesta.

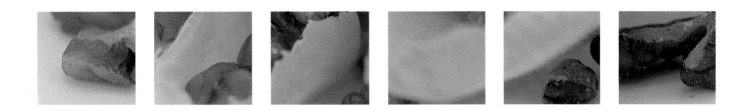

Para 4 personas

Sopa de pisto

Ingredientes

1 litro de agua fría

1 ramillete de hierbas compuesto por
1 manojo de perejil fresco, 1 ramita
de tomillo y 1 hoja de laurel

2 tallos de apio cortados en trocitos

3 puerros pequeños cortados
en trocitos

4 zanahorias pequeñas cortadas
en trocitos

150 g de patatas nuevas limpias
y cortadas en dados

4 cucharadas de habas o de guisantes
desgranados

175 g de judías en conserva escurridas
y aclaradas

3 pak choi

150 g de ruqueta

pimienta

Para el pisto

2 puñados grandes de hojas
de albahaca fresca

1 guindilla verde fresca sin semillas

2 dientes de ajo

4 cucharadas de aceite de oliva

1 cucharada de parmesano rallado
fino

1 Ponga el agua y el ramillete de hierbas en una cazuela grande y añada el apio, el puerro, la zanahoria y las patatas. Lleve a ebullición y, alcanzado ese punto, baje el fuego y prolongue el hervor durante 10 minutos.

2 Incorpore las habas o los guisantes y las judías en conserva, deje que siga la cocción otros 10 minutos y agregue los 3 pak choi, la ruqueta y pimienta al gusto. Prolongue la cocción durante 2 o 3 minutos más. Extraiga y deseche el ramillete de hierbas.

3 Mientras tanto, prepare el pisto. Ponga la albahaca, la guindilla, el ajo y el aceite en el vaso de un robot de cocina y triture hasta obtener una pasta espesa. Incorpore el queso.

4 Añada la mayor parte del pisto a la sopa y, a continuación, repártala en los platos. Corone cada uno de ellos con un poco del pisto reservado y sirva la sopa caliente.

Datos nutricionales
Las judías y los garbanzos contienen fibra soluble que equilibra el nivel de glucosa en la sangre y limpia el organismo.

Valores por ración

- *Valor energético*   370
- *Proteínas*   19 g
- *Hidratos de carbono*   46 g
- *Azúcares*   13,3 g
- *Grasas*   17 g
- *Grasas saturadas* 0,6 g
- *IG*   Medio

Para 4 personas

Pollo con tallarines y alcachofas

Ingredientes

4 pechugas de pollo sin piel

ralladura y zumo de 1 limón

2 cucharadas de aceite de oliva

2 dientes de ajo majados

400 g de corazones de alcachofa en conserva escurridos y troceados

250 g de tomates cereza

300 g de tallarines

Para adornar

perejil fresco picado

parmesano rallado fino

Datos nutricionales

Las alcachofas contienen cinarina, que ayuda a bajar el colesterol.
Los niveles de colesterol pueden subir cuando fluctúan los niveles de glucosa en la sangre.

Valores por ración

- *Valor energético*   534
- *Proteínas*   41 g
- *Hidratos de carbono*   66 g
- *Azúcares*   2,9 g
- *Grasas*   10 g
- *Grasas saturadas* 0,03 g
- *IG*   Medio

1 Coloque cada pechuga de pollo entre 2 trozos de papel film transparente y aplánelas con un rodillo. Póngalas en una fuente plana no metálica con la ralladura y el zumo de limón y 1 cucharada de aceite; déles la vuelta para que el adobo las recubra por ambas caras. Tape la fuente y déjelas reposar durante 30 minutos en el frigorífico.

2 Ponga a hervir agua abundante en una cazuela grande. Caliente el aceite restante en una sartén, a fuego suave, y sofría el ajo durante 1 minuto, sin dejar de darle vueltas. Añada las alcachofas y los tomates y sofríalos durante 5 minutos, removiendo de vez en cuando. Incorpore la mitad del adobo del pollo y deje que la cocción prosiga a fuego lento 5 minutos más.

3 Precaliente el grill a una temperatura elevada. Saque las pechugas del adobo reservado, dispóngalas en una bandeja plana y áselas durante 5 minutos por cada lado, hasta que estén bien hechas. Mientras, eche los tallarines en el agua hirviendo y cuézalos de 7 a 9 minutos o hasta que estén en el punto deseado.

4 Escurra la pasta y vuelva a echarla en la cazuela, vierta por encima la mezcla de alcachofas y tomate y añada las pechugas asadas, cortadas en trozos.

5 Repártalo en cuatro platos y esparza por encima el perejil y el queso.

Para 4 personas

Sopa agria y picante con tofu

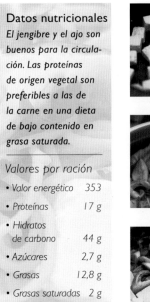

Datos nutricionales

El jengibre y el ajo son buenos para la circulación. Las proteínas de origen vegetal son preferibles a las de la carne en una dieta de bajo contenido en grasa saturada.

Valores por ración

- *Valor energético*   353
- *Proteínas*   17 g
- *Hidratos de carbono*   44 g
- *Azúcares*   2,7 g
- *Grasas*   12,8 g
- *Grasas saturadas*   2 g
- *IG*   Bajo

Ingredientes

zumo de 1 lima y 3 tiras de la piel

2 dientes de ajo pelados

2 rodajas de jengibre fresco

1 litro de caldo de pollo bajo en sal

1 cucharada de aceite vegetal

150 g de tofu (pesado una vez escurrido) cortado en dados

200 g de pasta al huevo seca (fideos)

100 g de setas shiitake cortadas en trozos

1 guindilla roja fresca sin semillas cortada en trocitos

4 cebolletas cortadas en rodajas

1 cucharadita de salsa de soja baja en sal

1 cucharadita de vino de arroz chino

1 cucharadita de aceite de sésamo

cilantro fresco picado, para adornar

1 Ponga la piel de la lima, el ajo y el jengibre en una cazuela grande. Añada el caldo y llévelo a ebullición. Reduzca el fuego y deje que el caldo siga hirviendo durante 5 minutos. Con una rasera saque la piel de la lima, el ajo y el jengibre y deséchelos.

2 Mientras tanto, caliente el aceite vegetal en una sartén grande, a fuego vivo. Dore el tofu sin dejar de darle vueltas. Sáquelo de la sartén y déjelo escurrir sobre papel de cocina.

3 Eche en el caldo los fideos, las setas y la guindilla y cuézalos 3 minutos. Añada el tofu, las cebolletas, la salsa de soja, el zumo de lima, el vino de arroz y el aceite de sésamo y caliéntelo todo durante unos segundos.

4 Reparta la sopa en cuatro boles, espolvoréela con el cilantro y sírvala caliente.

Para 12 unidades

Pastelitos de cangrejo con salsa de jengibre y soja

Ingredientes

Para los pastelitos de cangrejo

4 cebolletas

300 g de langostinos crudos, pelados y desprovistos de la vena dorsal

300 g de carne de cangrejo (la parte blanca) cocida

1 cucharada de alcaparras picadas

2 cucharadas de eneldo fresco picado

pimienta blanca

1 huevo pequeño ligeramente batido

1 cucharadita de mostaza de Dijon

1 cucharada rasa de harina y un poco más para espolvorear

aceite vegetal, para freír

Para la salsa de jengibre y soja

2 cucharadas de jengibre fresco picado muy menudo

6 cucharadas de salsa de soja baja en sal

3 cucharadas de miel clara

zumo de 1 lima

2 cucharadas de aceite de sésamo

Datos nutricionales
El pescado es rico en proteínas y pobre en grasas saturadas. Ayuda a estabilizar los niveles de glucosa en la sangre y combate el estrés. En esta receta, sólo la salsa contiene azúcar; los pastelitos de cangrejo apenas lo contienen.

Valores por ración

- *Valor energético*   111
- *Proteínas*   11,4 g
- *Hidratos de carbono*   6,6 g
- *Azúcares*   4,7 g
- *Grasas*   4,5 g
- *Grasas saturadas* 0,7 g
- *IG*   Bajo

1 Empiece preparando la salsa. Ponga el jengibre, la salsa de soja y la miel en un cacito y deje que cuezan durante 3 minutos. Apártelo del fuego y vierta en él el zumo de lima y el aceite de sésamo. Reserve la salsa y cuando esté fría, póngala en un bol.

2 Pique las cebolletas en un robot de cocina. Añada los langostinos, la carne de cangrejo y las alcaparras y continúe picando todos los ingredientes hasta que estén bien mezclados. Ponga la mezcla en un bol e incorpore el eneldo, la pimienta al gusto, el huevo, la mostaza y la harina.

3 Con las manos enharinadas, forme 12 pastelitos y colóquelos en una fuente grande. Tápelos y deje que reposen en el frigorífico durante 1 hora.

4 Caliente el aceite vegetal en una sartén grande, a fuego medio. Por tandas, dore los pastelitos de cangrejo unos 3 o 4 minutos por cada lado. Sáquelos con una rasera y déjelos escurrir sobre papel de cocina. Procure que no se enfríen mientras dora los de la siguiente tanda.

5 Sirva los pastelitos de cangrejo calientes, acompañándolos con la salsa.

Para 4 personas

Filetes de trucha con lima, sésamo y guindilla

Ingredientes

2 cucharadas de semillas de sésamo

250 ml de caldo de pescado

8 filetes de trucha de unos 150 g cada uno

250 g de fideos finos al huevo

zumo de ½ lima

1 guindilla roja fresca, sin semillas, cortada en rodajitas

1 cucharada de aceite de sésamo y un poco más para rociar el pescado

1 cucharada de aceite vegetal

1 cucharadita de salsa para pescado Thai

Para adornar

1 manojo de berros

4 gajos de lima

Datos nutricionales

La trucha contiene ácidos grasos esenciales que contribuyen a estabilizar los niveles de glucosa en la sangre.

Valores por ración

• *Valor energético*	563
• *Proteínas*	45 g
• *Hidratos de carbono*	48 g
• *Azúcares*	1,4 g
• *Grasas*	19,5 g
• *Grasas saturadas*	3,7 g
• *IG*	Bajo

1 Caliente una sartén antiadherente a fuego medio, eche en ella las semillas de sésamo y remueva hasta que empiecen a tomar color. Resérvelas.

2 Vierta el caldo en una sartén grande y llévelo a ebullición. Añada los filetes de trucha y hiérvalos entre 7 y 10 minutos, hasta que estén cocidos.

3 Ponga agua en una cazuela grande, y cuando hierva eche los fideos y cuézalos durante 3 minutos. Escúrralos y condiméntelos con las semillas de sésamo, el zumo de lima, la guindilla, el aceite de sésamo y el vegetal, y la salsa de pescado. Manténgalos calientes.

4 Reparta los fideos en cuatro platos. Ponga sobre cada uno de ellos 2 filetes de trucha, los berros y un gajo de lima. Alíñelos con un poco más de aceite de sésamo.

Para 4 personas

Puré de judías de la Toscana

Ingredientes

1 cucharada de aceite de oliva

4 lonjas gruesas de panceta o de tocino entreverado, cortadas en dados

2 dientes de ajo majados

1 cebolla roja grande cortada en láminas

800 g de judías en conserva escurridas y aclaradas

1 ramita de romero fresco

1 litro de caldo de pollo o de verduras bajo en sal

pimienta

Para aderezar

aceite de oliva

perejil fresco picado

1 En una cazuela grande, caliente el aceite a fuego medio. Sofría la panceta durante 1 o 2 minutos, dándole la vuelta muy a menudo. Agregue el ajo y la cebolla, sofríalos durante 10 minutos, removiendo de vez en cuando, hasta que la cebolla esté transparente.

2 Incorpore las judías, el romero y el caldo y deje que cueza todo, a fuego lento, durante 15 minutos.

3 Saque y deseche el romero. Deje que la sopa se entibie y luego conviértala en un puré semiespeso con la ayuda de un robot de cocina. Póngalo en una cazuela y caliéntelo a fuego suave. Sazónelo, con pimienta al gusto.

4 Sirva el puré caliente rociado con aceite y espolvoreado con perejil.

Datos nutricionales

Añadir romero en la cocción de los alimentos ayuda a prevenir los efectos nocivos del calor en las grasas.

Valores por ración

- *Valor energético* 334
- *Proteínas* 24 g
- *Hidratos de carbono* 40 g
- *Azúcares* 3,7 g
- *Grasas* 7,6 g
- *Grasas saturadas* 1,2 g
- *IG* Bajo

Para 4 personas

Ensalada de achicoria y nueces con queso de cabra y granada

Ingredientes

400 g de achicoria

100 g de nueces peladas

los granos de 1 granada

2 cucharadas de aceite de nuez

2 cucharaditas de vinagre de vino tinto

1 cucharadita de mostaza de Dijon

pimienta

4 rebanadas de pan de cereales

2 dientes de ajo cortados por la mitad

4 porciones de queso de cabra de 100 g, con corteza

3 cucharadas de aceite de oliva

Datos nutricionales

La achicoria contiene inulina, una fructosa natural que ayuda a los diabéticos a rebajar los niveles de insulina.

Valores por ración

- *Valor energético*　779
- *Proteínas*　33 g
- *Hidratos de carbono*　29 g
- *Azúcares*　3,2 g
- *Grasas*　62 g
- *Grasas saturadas*　24 g
- *IG*　Bajo

1 Separe las hojas de las achicorias, límpielas, séquelas con papel de cocina y distribúyalas en cuatro platos. Esparza sobre ellas las nueces y los granos de granada.

2 Prepare el aliño mezclando en un bol pequeño el aceite, el vinagre y la mostaza. Sazónelo con pimienta y resérvelo.

3 Precaliente el grill del horno a temperatura elevada. Frote el pan con el ajo. Disponga las porciones de queso sobre una hoja de papel de aluminio que colocará en una bandeja termo resistente, con el pan a los lados. Póngala bajo el grill y no la saque hasta que el pan esté tostado por ambos lados y el queso esté burbujeante.

4 Antes de servir las rebanadas de pan, rocíelas con el aceite de oliva y ponga encima de cada una de ellas una porción de queso de cabra. Disponga las tostadas con queso —una por plato— sobre la ensalada preparada previamente y alíñelo todo.

Para 4 personas

Langostinos al coco con ensalada de pepino

1 Lleve a ebullición el agua en una cazuela grande, cueza el arroz durante unos 25 minutos o hasta que esté blando. Escúrralo y déjelo en un colador, tapado con un paño limpio para que absorba el vapor.

2 Remoje 8 broquetas de madera en agua fría durante 30 minutos y escúrralas.

3 Con la mano de majar, machaque en un mortero las semillas de cilantro. Caliente a fuego medio una sartén antiadherente y dore en ella las semillas de cilantro machacadas sin dejar de darles vueltas. Luego, viértelas en un plato y resérvelas.

4 Ponga las claras de huevo en un plato hondo y el coco rallado en otro. Pase cada langostino primero por la clara y después por el coco, rebozándolos bien. Ensártelos en una broqueta. Repita la operación hasta que haya ensartado 3 langostinos rebozados en cada broqueta.

5 Precaliente el grill del horno a temperatura elevada. Con un pela patatas, corte el pepino en tiras largas para hacer cintas, póngalas a escurrir en un colador y después colóquelas, junto con las cebolletas y el aceite, en un bol. Resérvelo.

6 Ase los langostinos bajo el grill unos 4 o 5 minutos por cada lado, o hasta que adquieran un color rosado y estén ligeramente dorados.

7 Mientras tanto, mezcle el arroz con las semillas tostadas y el cilantro fresco, y póngalo en cuatro moldes individuales, presionando ligeramente. Desmóldelos en los platos y reparta en ellos la ensalada de pepino y cebolla. Sirva el arroz y la ensalada junto con las broquetas de langostinos, aún calientes, y adorne los platos con gajos de lima.

Ingredientes

200 g de arroz basmati integral

$1/2$ cucharadita de semillas de cilantro

2 claras de huevo ligeramente batidas

100 g de coco rallado seco sin endulzar

24 langostinos tigre pelados y con cola

$1/2$ pepino

4 cebolletas cortadas a lo largo en láminas finas

1 cucharadita de aceite de sésamo

1 cucharada de cilantro fresco cortado muy fino

1 lima cortada en gajos, para adornar

Datos nutricionales

El arroz integral basmati es un gran estabilizador de los niveles de glucosa en la sangre y reduce la ansiedad creada por la falta de éste.

Valores por ración

- *Valor energético*   412
- *Proteínas*   16 g
- *Hidratos de carbono*   47 g
- *Azúcares*   3,1 g
- *Grasas*   19 g
- *Grasas saturadas*   14,6 g
- *IG*   Bajo

Pescado y carne

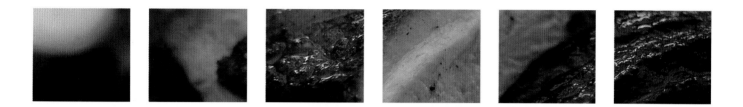

Este capítulo le ofrece recetas rápidas y fáciles para preparar una cena cuando disponga de poco tiempo, y otras de cocción más lenta que permiten realzar los sabores y aromas de los ingredientes. Recuerde que, aunque las proteínas son parte importante de una dieta equilibrada, hay que elegir cortes de carne magros y aprovechar al máximo la gran diversidad de pescado y aves que tenemos a nuestra disposición para hacer que la dieta sea variada. Procure incluir muchos productos vegetales frescos y legumbres, como las judías o los garbanzos.

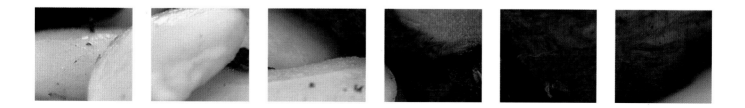

Para 4 personas

Salmón y vieiras marinados al jengibre

Ingredientes

200 g de arroz basmati integral

$1/2$ pepino cortado en daditos

4 cebolletas cortadas en láminas

$1/2$ manojo de cilantro fresco cortado muy fino

1 pimiento rojo sin semillas cortado en trocitos

1 guindilla verde fresca sin semillas cortada en láminas

zumo de 1 lima

2 cucharadas de aceite de sésamo tostado

500 g de filete de salmón sin piel cortado en trozos gruesos

8 vieiras sin los corales y limpias

50 g de jengibre fresco

zumo de 1 limón

1 cucharada de aceite de oliva

ensalada verde para acompañar

Datos nutricionales

El salmón es rico en ácidos grasos esenciales, los cuales ayudan a estabilizar los niveles de glucosa en la sangre.

Valores por ración

- *Valor energético*   559
- *Proteínas*   34 g
- *Hidratos de carbono*   47 g
- *Azúcares*   3,1 g
- *Grasas*   26 g
- *Grasas saturadas*   3,8 g
- *IG*   *Bajo*

1 Ponga agua en una cazuela grande y lleve a ebullición; luego eche el arroz y cuézalo durante 25 minutos o hasta que esté blando. Escúrralo y déjelo enfriar. En un bol, mezcle el arroz frío con el pepino, las cebolletas, el cilantro, el pimiento rojo, la guindilla, el zumo de lima y el aceite de sésamo. Tape el bol y deje reposar el contenido para que se mezclen los aromas.

2 Ponga los trozos de salmón en un recipiente cóncavo que no sea metálico. Añada las vieiras cortadas por la mitad. Con un prensa-ajos o con el dorso de un cuchillo aplaste el jengibre para extraerle el jugo. Mézclelo en una jarrita con el zumo de limón y el aceite de oliva y vierta esta marinada sobre el salmón y las vieiras. Tape el recipiente y déjelo en el frigorífico durante 30 minutos. Remoje 8 broquetas de madera en agua fría durante 30 minutos y después escúrralas.

3 Precaliente el grill a temperatura elevada. Repartiéndolos por igual, ensarte los trozos de salmón y las vieiras en las broquetas. Áselos bajo el grill durante unos 3 o 4 minutos, hasta que adquieran el punto de cocción deseado.

4 Sirva las broquetas calientes acompañadas de la ensalada de arroz y una ensalada verde.

Para 4 personas

Atún con ensalada de aguacate

Ingredientes

2 aguacates deshuesados cortados en daditos

250 g de tomates cereza cortados por la mitad

2 pimientos rojos sin semillas cortados en trocitos

1 manojo de perejil fresco cortado muy pequeño

2 dientes de ajo majados

1 guindilla roja fresca sin semillas cortada finamente

zumo de $^1/_2$ limón

6 cucharadas de aceite de oliva

pimienta

3 cucharadas de semillas de sésamo

4 rodajas de atún fresco de unos 150 g cada una

8 patatas nuevas cocidas cortadas en daditos

hojas de ruqueta para acompañar

1 En un bol grande, mezcle el aguacate, el tomate, el pimiento rojo, el perejil, el ajo, la guindilla, el zumo de limón y 2 cucharadas de aceite. Sazone al gusto con pimienta. Tape el bol y déjelo 30 minutos en el frigorífico.

2 Con una mano de majar, chafe ligeramente en el mortero las semillas de sésamo. Póngalas en un plato y espárzalas bien. Reboce las rodajas de atún, de una en una, con las semillas chafadas, procurando que queden bien cubiertas por ambos lados.

3 Caliente 2 cucharadas del aceite restante en una sartén, añada los dados de patata y, dándoles la vuelta a menudo, sofríalos de 5 a 8 minutos o hasta que estén dorados. Sáquelos de la sartén y déjelos escurrir sobre papel de cocina.

4 Limpie la sartén y póngala a fuego vivo con el aceite restante. Cuando esté muy caliente añada las rodajas de atún y dórelas de 3 a 4 minutos por cada lado.

5 Reparta la ensalada de aguacate en cuatro platos. Incorpore una rodaja de atún en cada uno de ellos y acompáñela con la patata y las hojas de ruqueta.

Datos nutricionales

Los aguacates son ricos en nutrientes que protegen de las lesiones oculares que puede causar la diabetes.

Valores por ración

- *Valor energético*   785
- *Proteínas*   44 g
- *Hidratos de carbono*   57 g
- *Azúcares*   7,1 g
- *Grasas*   46 g
- *Grasas saturadas*   3 g
- *IG*   Bajo

Para 4 personas

Sardinas escabechadas

Ingredientes

1 kg de sardinas frescas limpias
y escamadas

2 cucharadas de harina

100 ml de aceite de oliva
más 2 cucharadas

1 cebolla grande cortada en láminas

2 dientes de ajo cortados en rodajitas

1 zanahoria pequeña pelada y cortada
en rodajas finas

2 cucharadas de perejil fresco picado

1 cucharadita de orégano fresco
desmenuzado

1 cucharadita de comino molido

pimienta

1 cucharadita de azúcar

4 cucharadas de vinagre de vino tinto

400 g de tomate triturado en
conserva

250 g de arroz basmati integral

50 g de hierbas aromáticas frescas
picadas

50 g de almendras picadas

Datos nutricionales

Las sardinas contienen grasas beneficiosas para el organismo. La cebolla y el ajo ayudan a equilibrar los niveles de glucosa en la sangre.

Valores por ración

• *Valor energético* 1.145

• *Proteínas* 56 g

• *Hidratos
de carbono* 66 g

• *Azúcares* 10,2 g

• *Grasas* 74,5 g

• *Grasas saturadas* 8,7 g

• *IG* Medio

1 Precaliente el horno a 160° C. Aclare las sardinas y séquelas con papel de cocina. Extienda la harina en un plato y rebócelas.

2 Caliente 50 ml de aceite en una sartén grande, a fuego vivo, y fría las sardinas por tandas, dorándolas por ambos lados.

3 Caliente el aceite restante (excepto las 2 cucharadas) en la sartén, a fuego medio, y sofría la cebolla y el ajo, removiendo de vez en cuando, durante 5 minutos o hasta que se ablanden. Añada la zanahoria y sofría 5 minutos más. Incorpore el perejil, el orégano, el comino, pimienta al gusto, azúcar, vinagre y tomate y cuézalo todo unos 15 minutos. Vierta esta salsa sobre las sardinas y áselas en el horno precalentado durante 15 minutos.

4 Mientras tanto, hierva el arroz en una cazuela grande durante 25 minutos o hasta que esté blando. Escúrralo, páselo a una fuente y mézclelo con las hierbas aromáticas, las almendras, las 2 cucharadas de aceite y pimienta al gusto. Sirva el arroz caliente como acompañamiento del pescado.

Para 4 personas

Rosbif en ensalada

Ingredientes

750 g de solomillo de buey sin grasa

pimienta

2 cucharaditas de salsa Worcester

3 cucharadas de aceite de oliva

400 g de judías verdes

100 g de pasta pequeña

2 cebollas rojas cortadas en láminas finas

1 achicoria

50 g de aceitunas verdes sin hueso

50 g de avellanas peladas enteras

Para el aliño

1 cucharadita de mostaza de Dijon

2 cucharadas de vinagre de vino blanco

5 cucharadas de aceite de oliva

Datos nutricionales
En esta receta se mezclan proteínas, fibra, judías y cebolla, lo que hace de ella un buen plato para estabilizar los niveles de glucosa en la sangre.

Valores por ración
- *Valor energético* 748
- *Proteínas* 46 g
- *Hidratos de carbono* 32 g
- *Azúcares* 7 g
- *Grasas* 51 g
- *Grasas saturadas* 6 g
- *IG* Bajo

1 Precaliente el horno a 220° C. Aliñe la carne con la salsa Worcester y la pimienta. En una cazuela para asados de pequeñas dimensiones, caliente a fuego vivo 2 cucharadas de aceite y dore la carne por todos los lados para sellarla. Luego, ase la carne en el horno durante 30 minutos. Sáquela y déjela enfriar.

2 Lleve a ebullición el agua en una cazuela grande, eche las judías y cuézalas unos 5 minutos o hasta que estén tiernas. Sáquelas con una espumadera y refrésquelas bajo un chorro de agua. Escúrralas y póngalas en un bol grande.

3 Lleve nuevamente a ebullición el agua de escurrir las judías, eche la pasta y cuézala unos 10 minutos o hasta que esté en su punto. Escúrrala y en la misma cazuela, ya sin agua, alíñela con el aceite restante.

4 Mezcle la pasta con las judías, la cebolla, las hojas de achicoria, las aceitunas y las avellanas en una fuente o en una ensaladera y disponga encima el rosbif cortado en lonjas.

5 En un bol pequeñito mezcle los ingredientes del aliño, viértalo en la ensalada y sirva ésta junto con el resto del rosbif cortado en lonjitas.

Para 4 personas

Cordero al romero con patatas, pimiento y tomate

1 Precaliente el horno a 180° C. Seque la carne con papel de cocina y rebócela con la harina. A fuego medio, caliente la mitad del aceite en una bandeja de horno apta para el fuego. Dore la carne por todos los lados. Sáquela de la bandeja con una rasera y manténgala caliente.

2 Caliente el aceite restante en la misma bandeja, a fuego medio. Sofría la cebolla y el ajo, removiendo a menudo, durante 5 minutos o hasta que se doren un poco. Agregue el romero y luego, poco a poco, el caldo, removiendo sin cesar.

3 Vuelva a poner la carne en la bandeja y añada las patatas, el tomate, el pimiento rojo, la piel de naranja y la pimienta. Tape el recipiente y cueza la carne en el horno precalentado 1 ¹/₂ horas, removiendo de vez en cuando. Saque la bandeja del horno y, antes de llevarla a la mesa, quite y deseche la piel de naranja.

Ingredientes

900 g de carne de cordero magra cortada en dados

1 cucharada de harina

2 cucharadas de aceite de oliva

2 cebollas cortadas en láminas

2 dientes de ajo cortados en rodajitas

2 ramitas de romero fresco

500 ml de caldo de cordero

8 patatas pequeñas

250 g de tomates cereza

2 pimientos rojos sin semillas cortados en tiras

2 tiras de piel de naranja

pimienta

Datos nutricionales

El licopeno, que se encuentra en tomates y pimientos, es un antioxidante que protege del daño que causan los niveles de insulina demasiado altos.

Valores por ración

- *Valor energético*   *861*
- *Proteínas*   *46 g*
- *Hidratos de carbono*   *56 g*
- *Azúcares*   *7,8 g*
- *Grasas*   *50 g*
- *Grasas saturadas* *18,3 g*
- *IG*   *Medio*

Para 4 personas

Pato al tomillo con judías y aceitunas

Ingredientes

4 pechugas de pato con la piel

3 dientes de ajo majados

1 cucharada de tomillo fresco picado

2 cucharadas de aceite de oliva

800 g de judías en conserva escurridas y aclaradas

12 aceitunas negras deshuesadas cortadas en rodajitas

pimienta

ensalada de ruqueta y berros, para acompañar

Datos nutricionales

El ajo ayuda a bajar la tensión arterial y los niveles de colesterol.

Valores por ración

• Valor energético	497
• Proteínas	18 g
• Hidratos de carbono	31 g
• Azúcares	1,6 g
• Grasas	38 g
• Grasas saturadas	9,7 g
• IG	Bajo

1 Seque las pechugas de pato con papel de cocina y haga cortes en varios puntos de la piel. Frote la mitad del ajo y el tomillo sobre los cortes.

2 Caliente el aceite en una sartén grande, a fuego lento, y sofría el ajo restante durante 1 minuto, removiéndolo a menudo. Sofría las judías durante 5 minutos. Agregue las aceitunas y siga sofriendo unos 5 minutos más, hasta que los bordes de las judías empiecen a estar crujientes y dorados. Sazone a su gusto con pimienta.

3 Mientras tanto precaliente el grill del horno a temperatura media. Disponga las pechugas de pato, con la piel hacia arriba, en una bandeja de horno. Áselas bajo el grill precalentado 5 minutos por cada lado si se quiere un punto de cocción medio, o añada de 3 a 5 minutos más al tiempo total de cocción si las prefiere muy hechas. Sáquelas del horno y córtelas en rodajas.

4 Para servir, reparta las judías en cuatro platos y ponga encima una pechuga de pato cortada en rodajas. Acompañe con una ensalada de ruqueta y berros.

Para 4 personas

Pollo a la canela con lentejas especiadas

Ingredientes

4 pollos pequeños enteros de unos 500 g cada uno

2 cucharadas de jarabe de arce

1 cucharadita de canela en polvo

1 cucharada de aceite vegetal

100 ml de caldo de pollo bajo en sal

2 cebollas rojas cortadas en láminas

1 cucharadita de semillas de comino

1 cucharadita de semillas de cilantro

1 cucharada de aceite de oliva

2 dientes de ajo majados

800 g de lentejas en conserva escurridas y aclaradas

1 cucharada de mantequilla

2 cucharadas de perejil fresco picado

pimienta

brécol o judías verdes cocidos al vapor, para acompañar

1 Precaliente el horno a 190° C. Ponga los pollos en una bandeja para asar. Mezcle en un bol pequeño el jarabe de arce, la canela y el aceite vegetal y unte con esta mezcla las pechugas. Vierta el caldo en la bandeja y ponga las láminas de cebolla a los lados. Ase los pollos en el horno durante 35 minutos.

2 Caliente una sartén antiadherente a fuego medio, eche las semillas de comino y cilantro y tuéstelas, sin dejar de remover, hasta que empiecen a desprender aroma. Luego, póngalas en un mortero y cháfelas con la mano de majar.

3 Caliente el aceite de oliva en una sartén a fuego lento. Sofría el ajo y las especias durante 1 o 2 minutos, sin dejar de remover. Añada las lentejas y sofríalas entre 10 y 15 minutos, removiendo de vez en cuando.

4 Cuando los pollos estén asados, sáquelos del horno, páselos a una fuente y manténgalos calientes. Lleve a ebullición el jugo de la cocción de la carne y añádale la mantequilla y la mitad del perejil. Sazone a su gusto con pimienta.

5 Cuando vaya a servir, reparta las lentejas en cuatro platos. Ponga un pollo en cada plato, rocíelos con la salsa y espolvoréelos con el perejil reservado. Acompáñelos con las judías verdes o el brécol cocidos al vapor.

Datos nutricionales
Está demostrado que una cucharadita de canela al día ayuda a controlar la diabetes de tipo 2.

Valores por ración
- *Valor energético* 769
- *Proteínas* 87 g
- *Hidratos de carbono* 53 g
- *Azúcares* 13,4 g
- *Grasas* 23 g
- *Grasas saturadas* 2,5 g
- *IG* Bajo

Para 4 personas

Pollo a la española con limones en conserva

Ingredientes

1 cucharada de harina

4 cuartos de pollo con la piel

2 cucharadas de aceite de oliva

2 dientes de ajo majados

1 cebolla grande cortada en láminas

750 ml de caldo de pollo bajo en sal

1/2 cucharadita de hebras de azafrán

2 pimientos amarillos sin semillas cortados en trozos

2 limones en conserva cortados en cuartos

250 g de arroz basmati integral

pimienta blanca

12 aceitunas verdes rellenas de pimiento

perejil fresco picado, para adornar

ensalada verde, para acompañar

Datos nutricionales
Aunque los limones en conserva tienen mucho azúcar, el pollo y el arroz basmati ralentizan la liberación de la glucosa en la sangre.

Valores por ración
- *Valor energético   547*
- *Proteínas   26 g*
- *Hidratos de carbono   63 g*
- *Azúcares   5,7 g*
- *Grasas   22 g*
- *Grasas saturadas 3,1 g*
- *IG   Medio*

1 Precaliente el horno a 180° C. Ponga la harina en una bolsa de congelación grande. Introduzca el pollo en ella, cierre la parte superior de la bolsa y sacúdala para que el pollo quede bien recubierto de harina.

2 Caliente el aceite en una sartén grande, a fuego lento, y sofría el ajo durante 1 minuto, sin dejar de remover.

3 Sofría el pollo en la sartén a fuego medio, dándole la vuelta a menudo, durante 5 minutos o hasta que la piel se haya dorado un poco; entonces, sáquelo de la sartén. Eche la cebolla y sofríala durante 10 minutos o hasta que esté dorada, removiendo de vez en cuando.

4 Entre tanto, caliente el caldo con el azafrán en una cazuela, a fuego lento.

5 Ponga el pollo y la cebolla en una cazuela-fuente, que sea apta para el horno, y añada el pimiento amarillo, los cuartos de limón, el arroz y, por último, el caldo. Mézclelo todo y sazone a su gusto con pimienta.

6 Tape el recipiente y manténgalo en el horno precalentado unos 50 minutos, hasta que el pollo esté bien cocido y tierno. Reduzca la temperatura del horno a 160° C. Incorpore las aceitunas y prolongue la cocción 10 minutos más.

7 Sirva el pollo espolvoreado de perejil y acompañado con una ensalada verde.

Platos vegetarianos

La cocina vegetariana es un punto y a parte en relación al arte culinario que utiliza la carne o el pescado, y su riqueza de sabores y nutrientes es incuestionable. El uso de ingredientes cuya procedencia abarca una gran diversidad de países la han convertido en una cocina muy popular. Una dieta que incluye una gran cantidad de vegetales proporciona más fibra y más antioxidantes y, por lo tanto, resulta más baja en grasa. Esto no implica que la comida vegetariana sea insípida, tal y como se demuestra en este capítulo.

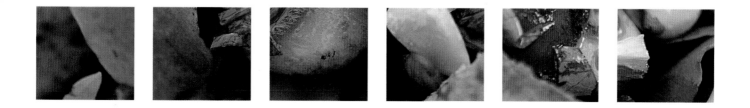

Para 4 personas

Pastelitos de pasta filo con apionabo, castañas, espinacas y feta

Ingredientes

4 cucharadas de aceite de oliva

2 dientes de ajo majados

$^1/_2$ apionabo grande o 1 pequeño cortado en láminas

250 g de hojas de espinacas tiernas

85 g de castañas cocidas, peladas y picadas

200 g de queso feta (pesado una vez escurrido) desmenuzado

1 huevo

2 cucharadas de salsa pesto

1 cucharada de perejil fresco picado muy menudo

pimienta

4 hojas de pasta filo de 32 x 18 cm cada una

ensalada verde, para acompañar

1 Precaliente el horno a 190° C. Caliente 1 cucharada de aceite en una sartén grande, a fuego medio, y sofría el ajo durante 1 minuto, removiendo sin cesar. Añada el apionabo y sofríalo 5 minutos o hasta que esté blando y dorado. Aparte la sartén del fuego y mantenga caliente su contenido.

2 Vierta 1 cucharada del aceite reservado en la sartén y rehogue las espinacas, tapándolas unos 2 o 3 minutos o hasta que se ablanden. Destape la sartén y prolongue la cocción hasta que todo el líquido se haya evaporado.

3 En un bol grande, mezcle el apionabo, las espinacas, las castañas, el queso, el huevo, el pesto, el perejil y la pimienta. Divida la mezcla entre cuatro platos que puedan ir al horno o póngala en una bandeja mediana, también termorresistente.

4 Unte cada hoja de pasta filo con el aceite restante y dispóngalas sobre la mezcla.

5 Cueza estos pasteles en el horno precalentado entre 15 y 20 minutos, hasta que estén dorados. Sírvalos al momento, acompañándolos con una ensalada verde.

Datos nutricionales

Las espinacas contienen luteína, que ayuda a prevenir las lesiones oculares secundarias a la diabetes.

Valores por ración

• *Valor energético*	*545*
• *Proteínas*	*16 g*
• *Hidratos de carbono*	*32 g*
• *Azúcares*	*5,7 g*
• *Grasas*	*40 g*
• *Grasas saturadas*	*8,7 g*
• *IG*	*Medio*

Para 4 personas

Ensalada de berenjena y pimiento a la parrilla con boniato al ajo y mozzarella

Ingredientes

2 boniatos pelados, cortados en trozos

2 cucharadas de aceite de oliva

pimienta

2 dientes de ajo majados

1 berenjena grande cortada en láminas

2 pimientos rojos sin semillas cortados en trozos

200 g de hojas variadas de ensalada

2 porciones de mozzarella de 150 g cada una, escurridas y cortadas en rodajas

pan integral, para acompañar

Para el aliño

1 cucharada de vinagre balsámico

1 diente de ajo majado

3 cucharadas de aceite de oliva

1 chalote pequeño picado muy menudo

2 cucharadas de hierbas frescas: estragón, perifollo y albahaca picados

pimienta

Datos nutricionales

Los boniatos contienen betacaroteno, que ayuda a evitar daños en riñones, hígado y vista.

Valores por ración

• *Valor energético*	*524*
• *Proteínas*	*22 g*
• *Hidratos de carbono*	*34 g*
• *Azúcares*	*14,3 g*
• *Grasas*	*34 g*
• *Grasas saturadas*	*0,1 g*
• *IG*	*Medio*

1 Precaliente el horno a 190° C. Ponga en una bandeja para asar los trozos de boniato y sazónelos con el aceite, el ajo y pimienta al gusto. Áselos en el horno precalentado durante 30 minutos o hasta que estén blandos y muy tostados.

2 Mientras tanto, precaliente el grill a temperatura elevada. Ponga la berenjena y los trozos de pimiento en una bandeja de horno y áselos dándoles la vuelta de vez en cuando, durante 10 minutos o hasta que estén blandos y dorados.

3 Prepare el aliño mezclando en un bol pequeño el vinagre, el ajo y el aceite. A continuación, añada el chalote y las hierbas aromáticas y sazone a su gusto con pimienta.

4 Reparta las hojas variadas de ensalada en los platos y coloque encima el boniato, la berenjena, la pimienta y la mozzarella. Alíñelo todo y acompáñelo con pan integral.

Para 4 personas

Buñuelos de calabacín con salsa de yogur

Ingredientes

2-3 calabacines (400 g en total)

1 diente de ajo majado

3 cebolletas cortadas en láminas finas

125 g de queso feta (pesado escurrido) desmenuzado

2 cucharadas de perejil fresco picado muy menudo

2 cucharadas de menta fresca picada muy menuda

1 cucharada de eneldo fresco picado muy menudo

$1/2$ cucharadita de nuez moscada recién rallada

2 cucharadas de harina

pimienta

2 huevos

2 cucharadas de aceite de oliva

1 limón cortado en cuartos, para decorar

Para la salsa

250 g de yogur griego

$1/4$ de pepino cortado en daditos

1 cucharada de eneldo fresco picado muy menudo

pimienta

Datos nutricionales

Los huevos son una de las pocas fuentes vegetarianas de proteínas que contienen todos los aminoácidos esenciales, es decir, los materiales de construcción de la proteína.

Valores por ración

- *Valor energético   266*
- *Proteínas   13,3 g*
- *Hidratos de carbono   12,6 g*
- *Azúcares   7 g*
- *Grasas   18,5 g*
- *Grasas saturadas   6 g*
- *IG   Medio*

1 Ralle los calabacines sobre un paño de cocina limpio y cubra con otro paño. Seque bien y deje reposar 10 minutos.

2 Mientras tanto, prepare la salsa: mezcle en un bol el yogur, el pepino, el eneldo y la pimienta. Tape el bol y métalo en el frigorífico.

3 Coloque el calabacín rallado en un bol grande. Agréguele el ajo, la cebolleta, el queso, las hierbas, la nuez moscada, la harina y pimienta al gusto. Bata los huevos en otro bol y añádalos a la mezcla de calabacín. Remuévalo todo, pero recuerde que la mixtura debe quedar grumosa y desigual.

4 Caliente el aceite en una sartén de base ancha, a fuego medio. Vierta 4 cucharadas de la mezcla en la sartén, distanciadas una de otra, y dore el buñuelo resultante durante 2 o 3 minutos por cada lado. Sáquelos y déjelos escurrir sobre papel de cocina, manteniéndolos calientes. Fría la segunda tanda de buñuelos del mismo modo. En total deberían salir 8 buñuelos.

5 Sirva los buñuelos calientes adornados con los cuartos de limón. Acompáñelos con la salsa de yogur.

Para 4 personas

Ensalada de setas variadas

Ingredientes

3 cucharadas de piñones

2 cebollas rojas cortadas en trozos

4 cucharadas de aceite de oliva

2 dientes de ajo majados

3 rebanadas de pan de cereales cortado en dados

200 g de hojas de ensalada variadas

250 g de champiñones chinos cortados en láminas

150 g de setas shiitake cortadas en láminas

150 g de setas de cardo troceadas

Para el aliño

1 diente de ajo majado

2 cucharadas de vinagre de vino tinto

4 cucharadas de aceite de nuez

1 cucharada de perejil fresco picado muy menudo

pimienta

1 Precaliente el horno a 180° C. Caliente una sartén antiadherente a fuego medio y dore en ella los piñones dándoles la vuelta sin cesar. Póngalos en un bol y resérvelos.

2 Ponga la cebolla y 1 cucharada de aceite de oliva en una fuente para asar y remueva hasta que la cebolla quede impregnada de grasa. Ásela en el horno durante 30 minutos.

3 Entre tanto, caliente 1 cucharada del aceite restante en la sartén antiadherente puesta a fuego vivo. Fría los daditos de pan, dándoles vuelta a menudo, durante 5 minutos o hasta que estén dorados y crujientes. Sáquelos de la sartén y resérvelos.

4 Reparta la ensalada entre cuatro platos y añada la cebolla asada. Prepare el aliño removiendo el ajo, el vinagre y el aceite en un bol pequeño. Incorpore el perejil y sazone a su gusto con pimienta. Aliñe la ensalada con la salsa.

5 Caliente el aceite restante en una sartén y sofría los champiñones chinos y las setas shiitake unos 2 o 3 minutos, removiendo a menudo. Agregue las setas de cardo y sofríalo todo 2 o 3 minutos más. Reparta la mezcla de setas entre los cuatro platos. Esparza por encima los piñones y los dados de pan y sirva de inmediato.

Datos nutricionales

Los piñones contienen aceites omega-6, que ayudan a controlar los niveles de glucosa en la sangre y regulan el colesterol.

Valores por ración

• Valor energético	409
• Proteínas	8 g
• Hidratos de carbono	27 g
• Azúcares	6,1 g
• Grasas	32,5 g
• Grasas saturadas	2,7 g
• IG	Bajo

Para 4 personas

Pastel de ricota a las hierbas

Ingredientes

1 cucharada de aceite de oliva y un poco más para rociar el pastel

1 kg de queso ricota fresco escurrido

3 huevos ligeramente batidos

3 cucharadas de hierbas frescas picadas: estragón, perejil, eneldo y cebollino.

pimienta

$^1/_2$ cucharadita de pimentón dulce y un poco más para espolvorear

4 rebanadas de pan de cereales

ensalada verde, para acompañar

1 Precaliente el horno a 180° C. Unte con el aceite un molde rectangular antiadherente de 1 kg de capacidad.

2 Ponga el queso ricota en un bol y bátalo. Añada los huevos y remueva hasta que se mezclen bien ambos ingredientes. Sazone con las hierbas, el pimentón dulce y pimienta al gusto.

3 Vierta la mezcla en el molde y póngalo en una bandeja para el horno llena de agua hasta la mitad; en ella, el pastel cocerá al baño María entre 30 y 40 minutos o hasta que esté cuajado. Sáquelo del horno y déjelo enfriar.

4 Quite la corteza del pan para hacer tostadas Melba. Corte cada rebanada a lo ancho por la mitad para crear 2 tiras finas. Corte cada mitad en diagonal, formando triángulos. Dispóngalos en una sola capa en una bandeja de horno y tuéstelos durante unos 10 minutos (el tiempo dependerá de la temperatura del horno).

5 Vuelque el pastel de ricota en una fuente, rocíelo con un poco de aceite y espolvoréelo con pimentón. Sírvalo con las tostadas Melba y una ensalada verde.

Datos nutricionales

Este plato es muy bajo en valores de IG y en consecuencia ayuda a estabilizar los niveles de glucosa en la sangre, además de proporcionar bastantes proteínas.

Valores por ración

- *Valor energético*   399
- *Proteínas*   29 g
- *Hidratos de carbono*   13 g
- *Azúcares*   1,5 g
- *Grasas*   26 g
- *Grasas saturadas* 1,4 g
- *IG*   Bajo

Para 4 personas

Pastelitos picantes de alubias con salsa de aguacate

Ingredientes

55 g de piñones

425 g de alubias en conserva escurridas y aclaradas

1/2 cebolla roja picada muy menuda

1 cucharada de puré de tomate

1/2 guindilla roja fresca sin semillas picada menuda

55 g de miga de pan moreno tierno rallada

1 huevo batido

1 cucharada de cilantro fresco picado muy menudo

2 cucharadas de aceite de girasol

1 lima cortada en cuartos, para decorar

4 panecillos de cereales tostados, para acompañar (opcional)

Para la salsa

1 aguacate sin hueso pelado picado

100 g de tomates sin semillas picados

2 dientes de ajo majados

2 cucharadas de cilantro fresco picado muy menudo

1 cucharada de aceite de oliva

pimienta

zumo de 1/2 lima

1 Caliente a fuego medio una sartén antiadherente y dore en ella los piñones sin dejar de darles vueltas. Resérvelos en un bol.

2 Ponga las alubias en un bol grande y cháfelas no muy finas. Añádales la cebolla, el puré de tomate, la guindilla, los piñones y la mitad de la miga de pan; mezcle bien. Incorpore la mitad del huevo y el cilantro y amáselo todo, agregando un poco más de huevo si es necesario para ligar la mezcla.

3 Forme con la mezcla 4 pastelitos planos. Rebócelos con la miga de pan restante, tápelos y déjelos 30 minutos en el frigorífico.

4 Prepare la salsa mezclando todos los ingredientes en un bol para servir. Tápelo y manténgalo en el frigorífico hasta que lo necesite.

5 En una sartén, caliente el aceite a fuego medio. Dore los pastelitos 4 o 5 minutos por cada lado o hasta que estén crujientes y se hayan calentado por completo. Sáquelos de la sartén y deje que escurran el aceite sobre papel de cocina.

6 Sirva cada pastelito sobre un panecillo de cereales tostado, si así lo desea. Acompáñelo con la salsa y adórnelo con un cuarto de lima.

Datos nutricionales

Los aguacates son ricos en grasas buenas para el organismo. El ajo y las judías ayudan a controlar los niveles de glucosa en la sangre.

Valores por ración

- *Valor energético   404*
- *Proteínas   13,4 g*
- *Hidratos
  de carbono   31 g*
- *Azúcares   4,8 g*
- *Grasas   27,5 g*
- *Grasas saturadas 3,8 g*
- *IG   Bajo*

Para 4 personas

Ensalada tibia de lentejas rojas con queso de cabra

Ingredientes

2 cucharadas de aceite de oliva

2 cucharaditas de semillas de comino

2 dientes de ajo majados

2 cucharaditas de jengibre fresco rallado

300 g de lentejas rojas

700 ml de caldo vegetal

2 cucharadas de menta fresca picada

2 cucharadas de cilantro fresco picado

2 cebollas rojas cortadas en rodajitas

200 g de hojas de espinacas tiernas

1 cucharada de aceite de nuez

150 g de queso de cabra tierno

4 cucharadas de yogur griego

pimienta

1 limón cortado en cuartos, para decorar

pan de centeno tostado, para acompañar

Datos nutricionales

Las lentejas y las espinacas contienen hierro y vitaminas B, importantes para la producción de energía y para controlar la ansiedad provocada por la falta de glucosa.

Valores por ración

- *Valor energético* 310
- *Proteínas* 16 g
- *Hidratos de carbono* 24 g
- *Azúcares* 6 g
- *Grasas* 17 g
- *Grasas saturadas* 5,9 g
- *IG* Bajo

1 Caliente la mitad del aceite en una cazuela grande, a fuego medio, y sofría las semillas de comino, el ajo y el jengibre durante 2 minutos, removiendo sin cesar.

2 Incorpore las lentejas y, sin dejar de remover, agregue el caldo lentamente; deje en el fuego hasta que las lentejas hayan absorbido el líquido (para este proceso necesitará unos 20 minutos). Aparte la cazuela del fuego y añada las hierbas aromáticas.

3 Mientras tanto, caliente el aceite de oliva restante en una sartén a fuego medio y sofría la cebolla, removiendo de vez en cuando, durante 10 minutos o hasta que esté blanda y ligeramente dorada.

4 Ponga en un bol las espinacas y alíñelas bien con el aceite de nuez. Sírvalas en cuatro platos.

5 En un bol pequeño, chafe el queso de cabra, añada el yogur y mezcle; sazone a su gusto con pimienta.

6 Reparta las lentejas entre los cuatro platos de espinacas y cúbralas con la cebolla y la mezcla de queso de cabra. Para acabar, adorne con los cuartos de limón y acompañe con pan de centeno tostado.

Para 4 personas

Broquetas vegetales con humus de aguaturmas

Ingredientes

8 chalotes pelados

8 champiñones

2 calabacines amarillos cortados en rodajas

2 pimientos rojos sin semillas cortados en trozos

1 berenjena pequeña cortada en trozos

1 boniato pelado cortado en trozos

2 cucharadas de aceite de oliva

zumo de 1 limón

hojas de una ramita de romero fresco picadas muy menuditas

pan de cereales tostado y frotado con ajo, para acompañar

Para el humus

350 g de aguaturmas

1 cucharada de aceite de oliva

1 cucharada de mantequilla

175 ml de leche

300 g de garbanzos cocidos en casa o de conserva escurridos y aclarados

1 cucharadita de comino en polvo

2 cucharadas de zumo de limón

1 diente de ajo majado

pimienta

1 Remoje 8 broquetas de madera en agua fría durante 30 minutos y escúrralas. Ensarte cantidades iguales de hortalizas en cada broqueta y dispóngalas en una bandeja plana no metálica. Mezcle el aceite, el zumo de limón y el romero en un bol y aliñe las broquetas. Tape la bandeja y déjelas marinar durante 30 minutos a temperatura ambiente.

2 Mientras tanto, para hacer el humus, eche las aguaturmas en una cazuela grande de agua hirviendo y cuézalas 5 minutos o hasta que estén tiernas. Escúrralas y píquelas en el vaso de un robot de cocina junto con el aceite, la mantequilla y la leche hasta obtener una mezcla fina. Añada los garbanzos, el comino, el zumo de limón, el ajo y pimienta al gusto y ponga nuevamente en marcha el aparato hasta obtener un puré fino. Páselo a una fuente de servicio.

3 Precaliente el grill del horno a temperatura media. Saque las broquetas de la marinada, dispóngalas en una bandeja para horno y áselas bajo el grill, dándoles la vuelta a menudo, durante 15 minutos o hasta que las hortalizas estén tiernas y doradas.

4 Sirva las broquetas de inmediato, junto con el humus y el pan frotado con ajo.

Datos nutricionales

Las aguaturmas contienen inulina, una fructosa natural que puede ayudar a rebajar los niveles de insulina.

Valores por ración

- *Valor energético*   413
- *Proteínas*   11 g
- *Hidratos de carbono*   60 g
- *Azúcares*   17,4 g
- *Grasas*   16,6 g
- *Grasas saturadas*   3 g
- *IG*   Medio

Postres frescos y al horno

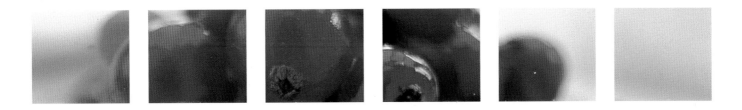

Los diabéticos pueden tomar una amplia variedad de postres dulces siempre que se utilicen los ingredientes adecuados. Los postres a base de fruta son especialmente saludables, pero también son válidos los sorbetes y postres fríos preparados con yogur desnatado. Varíe las combinaciones y aproveche el gran surtido de frutas exóticas disponible hoy día para preparar postres deliciosos y saludables.

Para 4 personas

Helado de yogur y arándanos

 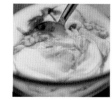 

Ingredientes

175 g de arándanos frescos

zumo de 1 naranja y la piel finamente rallada

3 cucharadas de jarabe de arce

500 g de yogur natural bajo en grasa

Datos nutricionales
Los arándanos pueden ayudar a aumentar la sensibilidad a la insulina y son beneficiosos en el control de la diabetes del tipo 2.

Valores por ración
- *Valor energético*   157
- *Proteínas*   7 g
- *Hidratos de carbono*   29 g
- *Azúcares*   26 g
- *Grasas*   2 g
- *Grasas saturadas* 1,1 g
- *IG*   Bajo

1 Ponga los arándanos y el zumo de naranja en un robot de cocina y haga un puré. Cuélelo con un tamiz de nailon colocado sobre un bol o una jarra.

2 Con la ayuda de una batidora eléctrica, mezcle en un bol el jarabe de arce y el yogur; a continuación, incorpore el puré de fruta.

3 Remueva la mezcla en una heladora, siguiendo las instrucciones del fabricante, y después congélela durante 5 o 6 horas. Si no tiene heladora, pase la mezcla a una bandeja del congelador y congélela durante 2 horas. Sáquela del congelador, vuélquela en un bol y bátala hasta que quede suave. Vuelva a ponerla en el congelador y déjela ahí hasta que quede firme.

Para 4 personas

Capricho de yogur con melocotón y jengibre

Ingredientes

400 g de melocotones maduros

1 cucharadita de tallo de jengibre en almíbar picado

500 g de yogur natural desnatado

3 cucharadas del almíbar de jengibre

4 bizcochos tipo amaretti desmenuzados

Datos nutricionales
Los melocotones tienen un IG bajo y el jengibre ayuda a reducir el colesterol y mejora la circulación.

Valores por ración

- *Valor energético* 300
- *Proteínas* 11 g
- *Hidratos de carbono* 37 g
- *Azúcares* 32,5 g
- *Grasas* 6,7 g
- *Grasas saturadas* 1,5 g
- *IG* Medio

1 Ponga los melocotones en un bol que resista el calor y cúbralos con agua hirviendo. Déjelos así durante 1 minuto. Con una espumadera, saque la fruta del agua. Cuando estén lo suficientemente fríos como para manejarlos, pélelos, quíteles el hueso y corte la pulpa a trozos. Póngala en un robot de cocina o en el vaso de una batidora, añada el jengibre y pique hasta obtener un puré.

2 En un bol, mezcle el yogur y el almíbar de jengibre.

3 Ponga un poco de la mezcla de yogur en cuatro vasos y, a continuación, añada una cucharada del puré de fruta. Repita este proceso hasta agotar ambas mezclas. Guarde los vasos en el frigorífico durante 3 horas.

4 Antes de servir el postre, esparza por encima los bizcochos amaretti desmenuzados.

Para 4 personas

Gelatina de flor de saúco con fruta de verano

Ingredientes

4 hojas de gelatina

75 ml de agua hirviendo

30 ml de sirope de saúco

175 ml de agua fría

200 g de bayas variadas: frambuesas, grosellas rojas y grosellas negras

4 cucharadas de nata líquida

Datos nutricionales

Las bayas contienen sustancias vegetales beneficiosas. Éstas les dan su color y ayudan a equilibrar la glucosa en la sangre.

Valores por ración

• Valor energético   67

• Proteínas   6,7 g

• Hidratos
de carbono   9,6 g

• Azúcares   4,9 g

• Grasas   0,5 g

• Grasas saturadas   0,2 g

• IG   Bajo

1 Remoje las hojas de gelatina en un bol de agua fría durante 10 minutos. Sáquelas del agua, escúrralas suavemente y póngalas en un cuenco con agua hirviendo. Remueva hasta que la gelatina se haya disuelto por completo.

2 Incorpore a la gelatina disuelta el sirope de saúco y el agua fría.

3 Reparta las bayas entre cuatro copas de vino y vierta por encima la gelatina aromatizada. Deje las copas en el frigorífico durante 3 horas.

4 Antes de servirlas, corone cada copa de gelatina con una cucharada de nata.

Para 4 personas

Higos asados a la miel con sabayón

Ingredientes

8 higos frescos cortados por la mitad

4 cucharadas de miel clara

hojas de 2 ramitas de romero fresco (opcional) picadas muy menudas

3 huevos

1 Precaliente el grill a temperatura elevada. Disponga los higos, con el lado cortado hacia arriba, en una bandeja de horno. Úntelos con la mitad de la miel y esparza por encima las hojitas de romero, si lo desea.

2 Ase los higos durante 5 o 6 minutos o hasta que empiecen a caramelizarse.

3 Mientras tanto, para hacer el sabayón, bata ligeramente los huevos con la miel restante en un bol resistente al calor y póngalo sobre una cazuela de agua hirviendo. Con una batidora eléctrica, bata la mezcla durante 10 minutos o hasta que quede pálida y espumosa.

4 Ponga 4 mitades de higo en cada uno de los platos de postre, cúbralas con una generosa cucharada de sabayón y sírvalas de inmediato.

Datos nutricionales

Los higos frescos liberan sus azúcares más lentamente que los secos. Contienen minerales que mejoran la sensibilidad a la insulina.

Valores por ración

- *Valor energético*   190
- *Proteínas*   5,4 g
- *Hidratos de carbono*   36 g
- *Azúcares*   32 g
- *Grasas*   4 g
- *Grasas saturadas* 1,2 g
- *IG*   Medio

Para 4 personas

Tarritos de mousse de chocolate negro con bayas escalfadas

Datos nutricionales

El chocolate negro tiene menos azúcar que el chocolate con leche y puede ser un festín ocasional si se consume en pequeñas cantidades, como en esta receta.

Valores por ración

- *Valor energético*   241
- *Proteínas*   4,4 g
- *Hidratos de carbono*   24 g
- *Azúcares*   20 g
- *Grasas*   16 g
- *Grasas saturadas*   8,7 g
- *IG*   Medio

Ingredientes

100 g de chocolate negro con un 70% de cacao como mínimo

25 g de mantequilla

2 huevos con las claras separadas de las yemas

1 cucharada de sirope de arce

100 g de bayas: zarzamoras, grosellas negras y arándanos

1 cucharada de crema de cassis

hojas de menta fresca, para decorar

1 Rompa el chocolate a trozos, póngalo junto con la mantequilla en un bol resistente al calor y colóquelo sobre una cazuela con agua hirviendo. Derrita la mezcla y luego deje que se entibie. Incorpore las yemas de huevo y el sirope de arce.

2 Ponga las claras en un bol grande, bátalas a punto de nieve e incorpórelas a la mezcla de chocolate. Reparta este preparado entre cuatro tarritos y déjelos 3 horas en el frigorífico.

3 Ponga las bayas en una cazuelita, añada la crema de cassis y cuézalas a fuego lento entre 5 y 10 minutos o hasta que queden brillantes y blandas. Deje que se enfríen.

4 Cuando vaya a servir este postre, ponga las bayas sobre la mousse de chocolate y decórela con las hojas de menta.

Para 16 unidades

Cuadritos de muesli con frutos secos

Ingredientes

115 g de mantequilla y un poco más para engrasar

4 cucharadas de miel clara

25 g de azúcar de lustre sin refinar

250 g de avena para gachas

25 g de arándanos secos

25 g de dátiles deshuesados picados

25 g de avellanas picadas

70 g de almendras laminadas

1 Precaliente el horno a 190° C. Engrase un molde para el horno cuadrado de 20 cm de lado.

2 En un cacito, funda la mantequilla con la miel y el azúcar. Añada los ingredientes restantes y mézclelo todo.

3 Vierta la mezcla en el molde, procurando que quede apelmazada. Cuézala en el horno entre 20 y 30 minutos.

4 Saque el muesli del horno y déjelo enfriar en el molde. Córtelo en 16 cuadritos.

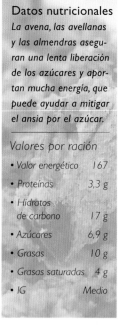

Datos nutricionales
La avena, las avellanas y las almendras aseguran una lenta liberación de los azúcares y aportan mucha energía, que puede ayudar a mitigar el ansia por el azúcar.

Valores por ración
- *Valor energético* 167
- *Proteínas* 3,3 g
- *Hidratos de carbono* 17 g
- *Azúcares* 6,9 g
- *Grasas* 10 g
- *Grasas saturadas* 4 g
- *IG* Medio

Para 4 personas

Pan de soda con nueces y pacanas

Datos nutricionales

Las nueces contienen ácidos omega-3 y omega-6, los cuales ayudan a mantener el equilibrio de glucosa en la sangre.

Valores por ración

- *Valor energético*   *613*
- *Proteínas*   *17 g*
- *Hidratos de carbono*   *94 g*
- *Azúcares*   *7,2 g*
- *Grasas*   *19 g*
- *Grasas saturadas*   *2,1 g*
- *IG*   *Medio*

1 Precaliente el horno a 180° C. Espolvoree con harina una placa de horno.

2 Tamice la harina, el bicarbonato de sosa, el crémor tártaro y la sal sobre un bol grande. Añada las nueces y el azúcar. Incorpore el suero de leche y mézclelo todo hasta obtener una masa blanda.

3 Con las manos enharinadas, trabaje la masa sobre una superficie espolvoreada con harina y déle forma redondeada, de entre 20 y 25 cm de diámetro. Pásela a la placa de horno, previamente enharinada, y haga dos cortes, en forma de cruz, en la parte superior de la masa.

4 Introduzca la masa en el horno y cuézala durante 30 minutos; luego, cúbrala con papel de aluminio y cuézala 15 minutos más.

5 Saque el pan del horno y deje que se enfríe un poco. Sírvalo ligeramente caliente y cortado en rebanadas.

Ingredientes

450 g de harina y un poco más para espolvorear

1 cucharadita de bicarbonato de sosa

1 cucharadita de crémor tártaro

1 cucharadita de sal

1 cucharadita de azúcar

50 g de nueces picadas

50 g de pacanas picadas

300 ml de suero de leche

Para 4 personas

Sorbete de melón y jengibre

Ingredientes

1 melón maduro pelado, sin semillas y cortado en trozos

zumo de 2 limas

1 cucharada de jengibre fresco rallado

4 cucharadas de azúcar de lustre sin refinar

1 clara de huevo ligeramente batida

fresones o frambuesas, para acompañar

1 Ponga el melón, el zumo de lima y el jengibre en un cuenco y bátalo todo con una batidora eléctrica hasta obtener un puré. Viértalo en una jarra medidora y añada agua fría hasta llegar a los 600 ml.

2 Vierta ese puré diluido en un bol y añádale el azúcar y la clara de huevo.

3 Pase el preparado a una bandeja del congelador y congélelo durante 6 horas.

4 Sirva el sorbete en vaso y adornado con fresones o frambuesas.

Datos nutricionales

El melón contiene mucha vitamina C, necesaria para controlar la glucosa en la sangre. También puede ayudar a reforzar las arterias.

Valores por ración

• *Valor energético*	*141*
• *Proteínas*	*2,56 g*
• *Hidratos de carbono*	*36 g*
• *Azúcares*	*33 g*
• *Grasas*	*0,4 g*
• *Grasas saturadas*	*0,1 g*
• *IG*	*Medio*

Índice

A

atún con ensalada de aguacate 50-51

B

buey
    rosbif en ensalada 54-55
broquetas vegetales con humus
    de aguaturmas 78-79
buñuelos de calabacín con salsa
    de yogur 68-69

C

capricho de melocotón con yogur y
    jengibre 84-85
champiñones al horno 22-23
chocolate
    tarritos de mousse de chocolate
    negro con bayas escalfadas 89
cordero al romero con patatas,
    pimientos y tomate 56
cuadraditos de muesli con
    frutos secos 90-91

D

desayunos y almuerzos 14-29

E

ensalada
    ensalada de achicoria y nueces con
        queso de cabra y granada 43
    ensalada de berenjena y pimiento
        a la parrilla con boniato al ajo
        y mozzarella 66-67
    ensalada de setas variadas 70-71
    ensalada tibia de lentejas rojas
        con queso de cabra 76-77
espárragos con huevos escalfados
    y parmesano 28-29

F

filetes de trucha con lima, sésamo
    y guindilla 40-41

G

gelatina de flor de saúco con fruta
    de verano 86-87

H

helado de yogur y arándanos 82-83
higos asados a la miel con sabayón 88
huevos
    espárragos con huevos escalfados
        y parmesano 28-29
    huevos a la mexicana 20-21
    huevos cocidos con
        espinacas 16-17
    tortilla de cebolla y gruyer 24-25

L

langostinos al coco con ensalada
    de pepino 44-45
lentejas
    ensalada tibia de lentejas
        rojas con queso de cabra 76-77
    pollo a la canela con lentejas
        especiadas 58-59

M

magdalenas de miel y limón 18
muesli de copos de avena
    y fruta 26-27

P

pan de soda con nueces
    y pacanas 92-93
pastel de ricota a las hierbas 72-73
pastelitos
    pastelitos de cangrejo con salsa
        de jengibre y soja 38-39
    pastelitos de pasta filo con
        apionabo, nueces, espinacas
        queso y feta 64-65
    pastelitos picantes de alubias
        con salsa de aguacate 74-75
pato al tomillo con judías
    y aceitunas 57
pescado, carne y aves
    de corral 46-61
platos vegetarianos 62-79
pollo
    pollo a la canela con lentejas
        especiadas 58-59
    pollo a la española con limones
        en conserva 60-61
    pollo con tallarines
        y alcachofas 34-35

postres frescos y al horno 80-95
puré de judías de la Toscana 42

Q

queso
    ensalada de achicoria y nueces con
        queso de cabra y granada 43
    ensalada de berenjena y pimiento
        a la parrilla con boniato al ajo
        y mozzarella 66-67
    ensalada tibia de lentejas rojas
        con queso de cabra 76-77
    espárragos con huevos escalfados
        y parmesano 28-29
    pastel de ricota a las hierbas 72-73
    pastelitos de pasta filo con
        apionabo, nueces, espinacas
        y feta 64-65
    tortilla de cebolla y gruyer 24-25

R

rosbif en ensalada 54-55

S

salmón
    salmón y vieiras marinados al
        jengibre 48-49
sardinas escabechadas 52-53
setas
    champiñones silvestres
        al horno 22-23
sopa agria y picante con tofu 36-37
sopa de pisto 32-33
sopas y comidas ligeras 30-45
sorbete de melón y jengibre 94-95

T

tarritos de mousse de chocolate negro
    con bayas escalfadas 89
tortilla de cebolla y gruyer 24-25

Y

yogur griego con miel, nueces
    y arándanos 19